PREGÓN

DE LA
SEMANA SANTA

JOSÉ JOAQUÍN LEÓN MORGADO

PREGÓN
DE LA
SEMANA SANTA

SEVILLA 2025

Fundación

Cajasol

FUNDACIÓN CAJASOL

Antonio Pulido Gutiérrez
Presidente

Gloria Ruiz Martín
Subdirectora de Actividades

Isabel Arteaga Jiménez
Subdirectora de Administración y Secretaría Técnica

Adolfo Llanas Ramón
Subdirector Financiero y de Contabilidad

EDITA: Fundación Cajasol

EDICIÓN AL CUIDADO DE
Juan Diego Bazán Gallego. pedrobco@gmail.com

ILUSTRACIONES
Daniel Franca:
    Portada
    Paso de Jesús del Gran Poder (pág. 46)
    Detalle del paso de la Esperanza de Triana (pág. 78)
    Paso de la Esperanza Macarena (pág. 90)

Antonio Álvarez del Pino:
    Jesús Nazareno del Silencio (pág. 30)
    El Cachorro (pág. 64)
    Cristo de la Fundación (pág. 72)
    Detalle de Jesús de las Tres Caídas (pág. 96)
    Detalle de la Soledad de San Lorenzo (pág. 104)

© de la edición, Fundación Cajasol
© del texto, José Joaquín León Morgado

ISBN: 978-84-8455-460-8

Depósito legal: SE-626-2025

Imprime: Pinelo. Artes Gráficas

Impreso en Sevilla - *Printed in Seville*

Los beneficios de este libro del Pregón de la Semana Santa de 2025 están cedidos al Proyecto Azarías, de la Hermandad Sacramental de la Soledad de San Lorenzo, dedicado a que jóvenes del Polígono Sur puedan terminar sus estudios.

DEDICATORIA

A la memoria de mis padres, que me enseñaron a amar
la Semana Santa.

A mi esposa, Mari Paz, que ha sido mi pregonera.

A mis hijos, Pablo e Inmaculada, y a mis nietos Sofía, Paz
y Diego, que me han dado la mano para que los llevara
a un templo.

Y a todos los cofrades de Sevilla que sienten la Semana
Santa dentro de su alma.

FE, SOLEDAD Y SILENCIO

FRENTE al bullicio y a los sonidos evocadores de la Semana Santa por las calles de Sevilla en primavera, el pregonero de la Semana Santa de este año volvió la vista a lo más íntimo de nuestra fiesta, al legado familiar que pasa de generación en generación en su casa y en la de tantos sevillanos y andaluces.

En el Maestranza, en el tradicional acto que anuncia que ya vienen los días más sagrados para los cofrades, José Joaquín León nos habló desde el corazón del sentido profundo del Silencio y la Soledad, dos de sus pasiones cofrades. Y de la humildad y la paciencia como valores supremos. Y de la fe, sin la que no entiende la fiesta grande, de la Semana Santa como forma de encuentro con Dios para el hombre moderno.

Memorias, encendidas palabras de un niño cofrade de Cádiz que se enamoró de Sevilla, de sus hermandades, y lleva más de 40 años narrando y viviendo el universo cofrade desde dentro y también desde fuera en su papel de periodista y escritor.

Un pregón brillante, de sincera emoción compartida con el auditorio, que un Domingo de Pasión más recorrió la Semana

Santa de la capital andaluza barrio a barrio, escena a escena, de las vísperas a la resurrección, desgranando los recuerdos del autor desde aquella "tarde del primer capirote". De aquella primera vez también de sus hijos y de sus nietos.

Nosotros seguimos fieles a la tradición de la misma manera. Un año más, en la Fundación Cajasol cumplimos con el compromiso de conseguir que las bellas palabras del Pregonero pasen a formar parte de la historia de la Semana Santa editando un texto convertido ya en plegaria de la Cuaresma.

ANTONIO PULIDO GUTIÉRREZ
Presidente de la Fundación Cajasol

STABAT MATER

BAJO la negrura de la noche, rota por la luminosa luna de Parasceve, contemplamos al Divino Nazareno que camina hacia el Gólgota mientras abraza amorosamente su patíbulo de plata y carey, haciéndonos a todos nazarenos de Sevilla para que sigamos fielmente su ejemplo de amor. Un amor sin límites que le hará caer bajo el peso del madero en la Costanilla. Un amor sin límites que traspasa el corazón contrito de María, madre misericordiosa, sola al pie de la cruz.

Es el Misterio de la Pascua de Jesús de Nazaret el eje central de este libro que tienes —amable lector— entre tus manos, concebido como Pregón de la Semana Santa de Sevilla, fruto de la fecunda creatividad de su autor, el periodista y cofrade José Joaquín León Morgado.

Nada descubro al afirmar que José Joaquín León es una de las firmas más prestigiosas de la Prensa de Andalucía. Licenciado en Ciencias de la Información por la Universidad Complutense de Madrid, ha desarrollado su quehacer profesional en el diario *ABC* y el Grupo Joly, donde ha ocupado la dirección del

Diario de Cádiz, ha sido Director de Publicaciones, ostentando en la actualidad la condición de Consejero Editorial y colaborador de *Diario de Sevilla* con su sección "Las dos orillas" y del *Diario de Cádiz* con "El Palillero".

A todo ello hay que sumar su capacidad de trabajo y responsabilidad, junto a su talante de buen comunicador, constante enamorado de Sevilla y Cádiz, las dos partes en que —según Fernando Villalón— se divide el mundo, de su Semana Santa y de sus Hermandades y, sobre todo, persona afable y humilde, que trata de revertir a la sociedad los muchos dones que Dios le ha otorgado, especialmente el de contar con una familia, esposa, hijos y nietos, ejemplo de hogar cristiano.

Como Presidente del Consejo General de HH. y CC. expreso mi más sentida gratitud a la Fundación Cajasol y su Presidente, D. Antonio Pulido, por patrocinar un año más la edición del Pregón de Semana Santa, un texto que no está destinado a ocupar un lugar en el anaquel de nuestra particular biblioteca, sino a tomarlo, una y otra vez, para deleitarnos con los pasajes que han tocado las fibras más sensibles de nuestro corazón y para evocar esa Semana Santa que anhelamos, con la que soñamos y que se hace realidad ante la contemplación de la primera Cruz de Guía.

FRANCISCO VÉLEZ DE LUNA
Presidente del Consejo General de HH. y CC.
de la Ciudad de Sevilla

"SEVILLA TIENE UNA COSA QUE SÓLO TIENE SEVILLA"

ESTA mítica letra, de una de las sevillanas inmortalizada en la voz inconfundible de Manuel Pareja Obregón, da título este año al cartel de las Fiestas de Primavera de nuestra ciudad. Y hoy, ante el tradicional encargo de presentar a quien tiene que anunciar nuestra Semana Mayor, la hago mía y la traigo ante vosotros, que bien sabéis cuánta verdad encierran esos dos versos.

Sevilla es única. Su Semana Santa, de indudable admiración, tan singular y extraordinaria, que no existen dos cofrades que la sientan del mismo modo, y de la que pronto nuestro pregonero nos hablará de la manera en que él la percibe y la vive. Su Cuaresma, donde nuestras calles se llenan de continuos actos públicos de Piedad Popular. Sus Templos, con cultos rebosantes de solemnidad y protestaciones de fe llenas de tradición familiar, que son el sustento de la historia de nuestras Hermandades.

Sevilla es única en su ambiente, en su gente, en su forma de comportarse, en sus silencios y sus ovaciones, cada uno en su sitio y en el momento oportuno. Única en la participación conjunta y en el trabajo codo con codo, entre Hermandades y Ayuntamiento para disfrutar de sus celebraciones. Única en sus servicios municipales, siempre a disposición del pueblo para que puedan efectuar sin ningún tipo de dificultad todas sus manifestaciones religiosas. Es única en su arte. Y en el arte sacro, punta de lanza en el mundo. Es única en la forma de organizar un Congreso Internacional y una procesión de clausura donde los mayores tesoros de Sevilla y su provincia pasearon por nuestras calles para asombro del mundo.

Son muchos los momentos que una ciudad como Sevilla ofrece durante un año. Cada uno tendrá los suyos, donde la emoción apareció y el recuerdo en la memoria se hacen ya perennes. Pero, sin duda, el Congreso Internacional de Hermandades y Piedad Popular ha dejado una huella indeleble en nuestra ciudad. Decía Juan Pablo II que la belleza artística es una especie de eco del espíritu de Dios. Está claro que en Sevilla ese espíritu está muy vivo y tuvo como broche de oro la inolvidable procesión de clausura, en la que la ciudad mostró de nuevo que funciona como una orquesta perfecta en los grandes acontecimientos. Donde los servicios públicos, con el Ayuntamiento de Sevilla al frente, y coordinado con el Consejo General de Hermandades y Cofradías, facilitaron a la ciudad un evento que quedará para la historia. Gracias a los que lo impulsaron y los que lo hicieron posible. Sevilla fue esos días el epicentro de la devoción y la religiosidad popular y foco de la cristiandad universal.

Sevilla es única en su solidaridad, en su caridad entendida como amor al prójimo, como amor a Cristo, al hermano, y con el ejemplo de todos los proyectos de las Hermandades en favor de los más necesitados. Las bolsas de caridad, donde el Gran Poder abrió una senda que, a Dios gracias, todas continuaron; el Centro de apoyo infantil de la Esperanza de Triana, el de estimulación precoz del Buen fin, el economato de las Hermandades del casco antiguo, el proyecto Esperanza y Vida de la O, el de los niños bielorrusos, el proyecto Azarías de la hermandad de nuestro pregonero, o tantos y tantos esfuerzos que se realizan para ayudar hoy a llevar la cruz a los Cristos de nuestra sociedad. Eso tiene Sevilla, y por eso es única, una mano para mostrar al mundo su impresionante dimensión religiosa y artística, y otra, para consolar, sin que nadie lo sepa, a tantos necesitados.

Sevilla tiene una cosa, que sólo tiene Sevilla. Una luz, un olor, una forma de ser y de sentir, de involucrarse en lo que es verdaderamente importante, de ser protagonista y hacer suya una fiesta que sin sevillanos no existiría. Sevilla con sevillanos, como nos recordó Paco Vázquez en el año 2003. Y Sevilla con su Pregón, ese que hoy volveremos a disfrutar no sin antes recordar a aquellos que nos precedieron. Por eso hoy mi oración por José Luis Garrido Bustamante, Ignacio Pérez Franco y Manuel Navarro Palacios, cuyas voces nos han dejado este año y cuyas manos se agarraron al atril que hoy tengo el privilegio de acariciar.

Y recordando a aquellos que también pregonaron nuestra Semana Santa; desde un balcón rezando con su voz como el recordado Sacri, con un cincel y un martillo llenado la plata de arte de Triana como nuestro querido Juan Borrero o tras el objetivo de una cámara de fotos como el inmortal Jesús Martín Cartaya.

Cada sevillano tiene en su corazón un recuerdo, una experiencia, un sonido o un rincón que sin Sevilla no sería posible. Por eso y por mucho más, Sevilla tiene esas cosas que sólo puede tener Sevilla, las que un día descubrió quien hoy viene a anunciar nuestra Semana Santa. Porque José Joaquín León, nuestro pregonero, es el ejemplo perfecto de quien cae rendido a los encantos de la ciudad más bella del mundo y a su Semana Mayor. Él descubrió eso que sólo tiene Sevilla y se enamoró para siempre, hasta llegar hoy a este atril para contarnos que la hora ha llegado, que los días más luminosos de la ciudad nos están esperando para atraparnos en menos de una semana.

De todo esto está bien empapado nuestro pregonero.

Un pequeño retablo de cerámica de Triana del Señor del Gran Poder, que se encontraba en la casa de su abuelo Joaquín en Cádiz, fue desde muy pequeño el que despertó su curiosidad y sus ganas de descubrir qué ocurría a pocos kilómetros de su Cádiz natal. Siendo aún muy joven ya quiso conocer nuestra Semana Santa.

A partir de ahí nuestro pregonero, ese niño cofrade gaditano, comenzará a coleccionar recuerdos y emociones en nuestras calles. La silueta del Cristo de la Fundación un Jueves Santo cerrado en agua, la mirada del Señor de Sevilla que tantas veces había visto en ese retablo de la devoción que Fray Diego de Cádiz llevó a la tacita de plata, una casa de un amigo en la calle Imperial que le permitía llegar a todos los rincones de la ciudad y la Semana Santa que ya le había atrapado para siempre.

El pregonero es de la Soledad de San Lorenzo, su gran devoción sevillana, a la que llegó desde el Silencio y por el Silencio, como a él le gusta decir. De la manera que Dios nos conduce en la vida. Te unes a la nómina de una hermandad por tus padres, por tus amigos, o por una devoción, que no sabes cómo ni porqué, pero te atrapa y te une a ella para siempre, como la primera hermandad a la que se unió en Sevilla, la hermandad de San Isidoro.

En la Soledad ha sido hermano mayor, en unos momentos de marcada vocación de servicio, en esa su hermandad-familia del corazón del barrio de San Lorenzo.

El pregonero es periodista. Fino y elegante escritor, siempre mirando más allá, viendo en lo profundo de las hermandades y cofradías con esa doble perspectiva que da el ser conocedor desde dentro, por haberse fajado en juntas de gobierno en Sevilla y Cádiz, y ahora con sus responsabilidades en el Consejo de Cofradías, y desde fuera, al haberse dejado cautivar desde la juventud, con visión crítica, pese a su permanente enamoramiento de nuestra fiesta grande.

Ha sido director del grupo Joly, de *Diario de Cádiz* y subdirector de *ABC*, donde ha trabajado 20 años. Su prolífica carrera le ha hecho acreedor del premio Andalucía de periodismo, o del premio Joaquín Romero Murube de *ABC*, entre otros.

Nuestro pregonero, académico de la Real Academia hispano-americana de Artes, Ciencias y Letras, también es escritor, siendo su libro más relevante el que dedicó a su querido y añorado Luis Álvarez Duarte en 2019.

El pregonero es Cádiz y es familia. No sólo no renuncia a su origen gaditano, sino que es uno de sus grandes honores. Allí nació y se crió, se enamoró y se casó. Su devoción profunda y arraigada a la Virgen del Carmen le acompaña siempre. También allí ocupó cargos de responsabilidad.

Padre de dos hijos, y abuelo de tres nietos. Pueden sentirse orgullosos de su abuelo y de su padre. Ha sido pregonero en Cádiz, y hoy en Sevilla, las dos ciudades de su vida, y un ejemplo a seguir por su compromiso sencillo y auténtico en todo lo que emprende. Buena persona, risueño, entusiasta, sereno, y un profundo enamorado y conocedor de nuestra Semana Santa.

José Joaquín, es un orgullo para Sevilla que seas uno de sus vecinos, y ahora el encargado de anunciar nuestra Semana Santa, el año en el que Sevilla abrirá los brazos a la cristiandad mirando al cielo de Roma, que será Triana por unos días.

Amigo pregonero, tú le has escrito a la Semana Santa en innumerables ocasiones desde hace casi 40 años. Hoy son las emociones de Sevilla las que se abren a ti para que les ofrezcas tu lado más auténtico. Tú representas la Sevilla discreta.

Tú eres el vivo ejemplo de hacer bien las cosas huyendo de focos y protagonismos.

Esa Semana Santa a la que te asomas desde que te enamoraste de ella hace más de 50 años. La que no sólo has vivido y disfrutado sino de la que te has impregnado desde su interior asumiendo cargos de responsabilidad.

Hoy toca, querido pregonero, abrirte de par en par. Tu sencillez te ha llevado a vivir esa Semana Santa auténtica, desde dentro. Hoy tendrás que coger a Sevilla de la mano y llevarla a las puertas de la gloria. Hoy toca levantar los faldones de tu discreción y brillar ante Sevilla como ya lo hiciste en tu Cádiz natal hace casi 30 años.

Llévanos con tu palabra a mostrarnos lo auténtico de tu amor a Sevilla. Sevilla tiene una cosa que sólo tiene Sevilla, y hoy José Joaquín nos la va a contar.

Pregonero, Sevilla te espera, tuya es la palabra.

MANUEL ALÉS DEL PUEYO
Tte. Alcalde Delegado de Fiestas Mayores
del Ayuntamiento de Sevilla

JOSÉ JOAQUÍN LEÓN MORGADO

PREGÓN DE LA SEMANA SANTA

I
SONÓ EL LLAMADOR
Y SE LEVANTÓ LA VIDA

SONÓ el llamador y se levantó la Vida.

En el principio existía Dios,
entre el silencio y la soledad.
Era el silencio eterno de Dios
en la soledad del Universo.
Apareció una Luz invisible
y Dios creó la vida con el aire,
el agua, el fuego y la tierra.
Todo lo hizo en una semana sin tiempo,
la primera Semana Santa de la historia.

Dios es capillita y hace salidas extraordinarias.

Y Dios creó al hombre y a la mujer,
que pecaron en el paraíso,
y del cielo cayeron al mundo.
Dios no rompió su Silencio,

su Gran Poder es compasivo.
Y Dios creó la Esperanza
y el Verbo Divino se hizo carne
y fue al Calvario a salvarnos.

Pasó el tiempo y Dios quiso
que la fe llegara a una tierra
donde su amor se reflejaría
en los ojos de las Esperanzas.
Dios creó otro mundo
entre Triana y Sevilla.
Caminar con la belleza.
Caminar con la alegría.
Caminar con la Esperanza,
seguirla siempre, día a día,
saber que es la Madre de Dios
y que Dios nunca nos olvida.
Dios brilla siempre en su cara,
es pañuelo de sus lágrimas,
se tapa con un manto verde
y la besa en su mejilla.
Dios es una rosa de oro
y es doce varales de plata.
Besamos a Dios en sus manos
y lo vemos en su cara
Hoy suena el llamador
y se levanta la vida.

Hoy te digo mi pregón,
Ya ha llegado el día.
Hoy camina la Esperanza,
hoy renace la alegría.
Hoy el cielo se prepara
para bajarse a Sevilla.

EL PRIMER CAPIROTE

Este es el Pregón de la Semana Santa de Sevilla. Y en el principio afirmo que la Semana Santa existirá mientras haya sevillanos. La Semana Santa está viva gracias a las cofradías y a las familias.

Esa mano que se une a la de nuestros hijos y nuestros nietos, para acompañarlos a un templo, enlaza los eslabones del pasado con los del presente y el futuro. Yo di la mano por vez primera a mis hijos, a un nazarenito de blanco de La Cena al que también acompañaba su madre; y fui caminando junto a mi hija de negro, cuando las mujeres pudieron salir de nazarenas en el Silencio. Y se la di por vez primera a mis dos nietas y se la daré a mi nieto para salir de monaguillos en la Soledad.

Siempre recordaremos la tarde del primer capirote. Vas por las calles y miras al cielo. Caramelos, chucherías, estampitas... Una mano sostiene a la otra. Una mano tiene las huellas del tiempo marcadas por la vida y otra mano es tierna como una rosa que se abre. Recuerda bien esa mano, porque el tiempo te la arrebatará. Recuerda bien esa mano, porque llegará un día en que no la encontrarás. Y entonces buscarás esa mano en cada lágrima. Recordarás quién te llevó por vez primera al Salvador, a los Terceros, a San Lorenzo, o a cualquier templo, cuando la Semana Santa se abría para ti como un cuento mágico. Pasados los años, cuando aquella manita ya esté gastada por la vida, quizá se convierta en la mano madura que sostiene a otra infantil, con la misma emoción.

Por eso, el primer capirote nunca es de cartón, es de material sagrado. Está cosido con la aguja de los ángeles y se ciñe en la cabeza del niño como si fuera la corona de un santo. Que nunca se pierda esa antigua ilusión, que tú también la enseñes, que siempre recuerdes aquella tarde, cuando te hicieron nazareno de Sevilla.

SALUTACIÓN

Quiero empezar felicitando al señor Arzobispo, don José Ángel Saiz Meneses, por haber impulsado el II Congreso Internacional de Hermandades y Piedad Popular. En este pregón no voy a hablar del Congreso, sino de la Semana Santa, pero vamos a caminar con esperanza.

Agradezco a Francisco Vélez de Luna, presidente del Consejo de Hermandades, su confianza en mí y que me propusiera para ser pregonero. También a los cargos generales y la Sección de Penitencia que me habéis votado. Es el Año de la Esperanza, y yo espero que nadie se arrepienta.

Le agradezco a Manuel Alés, teniente de alcalde de Fiestas Mayores, su cariñosa presentación. A pesar de que es concejal y yo periodista, me entrevistó él a mí, y me ha presentado muy favorecido.

Muchas gracias a todos los que me habéis dado vuestro generoso apoyo y cariño. Hoy lo resumo en El Cirio Apagao, que preside Joaquín Delgado-Roig. Las pastas para el Pregón me las entregó José Manuel Peña. Es simbólico, porque sois dos de los cofrades de los que más he aprendido.

Y muchas gracias a ti, Mari Paz, que has sido la secretaria del pregonero. Sin tu forma de ser y sin tu ayuda, no hubiera sido posible este pregón.

Tarjeta de visita del pregonero

Este es el Pregón de un niño que nació en Cádiz y se enamoró pronto de Sevilla. Yo era un niño que tuvo fe desde pequeño, gracias a un padre y una madre que me transmitieron su devoción a la Virgen del Carmen, que me enseñaron a amar la Semana Santa y a creer en Dios.

Este es el Pregón de un niño que se encontró con la Semana Santa de Sevilla gracias a una portada de *ABC*. Y, cuando abrió el periódico, vio una foto con un texto titulado: *Luz de cera y ruán negro camino de la Campana*. Nazarenos del Amor por la calle Cuna. Y entonces no lo sabía, pero cuando pasaran los años, yo iba a escribir sobre la Semana Santa en ese periódico, en *ABC*. Y más tarde en *Diario de Sevilla*. Y, además, iba a pasar por la calle Cuna con luz de cera y con ruán negro, túnicas de San Isidoro y el Silencio, y de blanco y negro con la Soledad.

Se puede ser periodista y ser cofrade. Es compatible. Hoy quiero recordar a dos periodistas que se han ido al balcón del cielo. A José Luis Garrido Bustamante, pregonero en 1990, que puso su voz al servicio de la Semana Santa en la radio y la televisión. A Fernando Gelán, el primero en escribir información de las hermandades todos los días. Y a un fotógrafo, Jesús Martín Cartaya, que estará haciendo fotos a los cofrades que perdimos.

Hoy recuerdo también a dos pregoneros que han fallecido: Manuel Navarro Palacios e Ignacio Pérez Franco. Y a unos hermanos de la Soledad. Es duro que no esté ya con nosotros Antonio Álvarez-Dardet Lama. Es duro que tampoco estén Juan Hidalgo y Pablo Chávez... Y sí, sobre todo, este Pregón va dedicado para ti, Manuel Rodríguez González. Nunca hubiera sido pregonero si no te hubiera conocido, por todo lo que aprendí de ti, por enseñarme cómo hay que amar a la Soledad, por ser mi hermano mayor sin haberlo sido. Hoy este Pregón es el mío, pero es también el tuyo, y el de todos los cofrades de Sevilla que vivieron y murieron con la Semana Santa dentro de su alma.

Con Humildad y Paciencia

No se puede entender la Semana Santa sevillana sin los cofrades, sin los nazarenos, sin los acólitos, sin costaleros y capataces, sin cornetas y tambores, agrupaciones, bandas de palio y capillas musicales, sin floristas, sin vestidores, sin abonados de las sillas y palcos, sin público en las calles.

Todos somos importantes, pero la Semana Santa será un fracaso si pensamos que los protagonistas somos nosotros, los que vamos delante, detrás o debajo de los pasos. La Semana Santa es un éxito cuando entendemos que los protagonistas son Cristo y María, y que por eso sus imágenes sagradas van en lo alto de los pasos. La Semana Santa es una oportunidad para que los hombres y mujeres se encuentren con Dios.

Los jóvenes deben llegar a la hermandad para aprender, ayudar y crecer. Y los maduros debemos evitar los grupos de presión, la división de la hermandad y los egoísmos. Seamos cofrades con humildad y paciencia.

El mejor ejemplo de la Humildad y la Paciencia lo tenemos en ese Señor pequeñito, sentado en el Calvario. La Humildad y la Paciencia es para mí la devoción de mi mujer por esta imagen tan frágil. Es contemplarlo por la calle Doña María Coronel, perfumado por el azahar que se estrena cada Domingo de Ramos, aunque ya esté marchito. Fijaos en su andar, como si no quisiera molestar a los que están allí.

La Humildad y la Paciencia son tu destino.
A solas meditas en la crueldad de tu castigo
y sientes que el tiempo es breve y fugitivo.
Cristo simple y oprimido, Cristo absorto y dolorido.

La Humildad y la Paciencia son tu camino.
Sufres en el Calvario, pero aceptas el sacrificio
y tu esperanza no se pierde en el olvido.
Cristo paciente en el martirio, Cristo humilde y afligido.

DESDE EL VIERNES DE DOLORES

Tenemos una Semana Santa de carrera oficial, que comienza el Domingo de Ramos. Pero la Semana Santa en las calles empieza con las cofradías del Viernes de Dolores y el Sábado de Pasión.

Estas hermandades, que llaman de *vísperas*, desarrollan una gran labor en sus barrios. Atienden a los necesitados en comedores sociales, entregas de alimentos, becas y otras ayudas. Y sí, enseñan a Cristo y a la Virgen a los vecinos. Estas cofradías, si no existieran, habría que inventarlas. Y el argumento para valorarlas no puede ser que vayan o no a la Catedral, porque hay una, la del Cristo de la Corona, en la parroquia del Sagrario. Y existe otra, la de Pasión y Muerte, que es la cofradía de los silencios de Triana.

¡Sevillanos, vayan a los barrios desde el principio! Vayan el Viernes de Dolores a Pino Montano para ver a Jesús de Nazaret y la Virgen del Amor por calles abarrotadas. Vayan a Bellavista para ver con alegría a su Cautivo de la Salud y a su Virgen del Dulce Nombre. Vayan a Heliópolis para ver al Señor de la Misión, de triste mirada, con la Virgen del Amparo, en su paso, donde está la calle de la Amargura, con la que va desde su barrio al Hospital Virgen del Rocío. Y sí, vayan a las Tres Mil Viviendas, marcadas por el estigma de los barrios pobres. Este año saldrán por vez primera nazarenos del Polígono Sur, en la cofradía de Bendición y Esperanza, desde la parroquia de Jesús Obrero.

El Sábado de Pasión vayan a ver el Nazareno de la Caridad, que fue la primera obra de Fernando Aguado para Sevilla, y a la Virgen de los Dolores, la primera de Álvarez Duarte, en la cofradía de San José Obrero. Y vayan a Torreblanca para ver al Señor Cautivo ante Pilato y a la Virgen de los Dolores. Torreblanca es un ejemplo de cofradía que no puede llegar a la Catedral, pero llega al alma de sus vecinos en uno de los barrios más pobres. Y vayan al Parque Alcosa para ver al Señor del Divino Perdón y a la Concepción. Y a Padre Pío para ver por las calles de Palmete al Señor de la Salud y Clemencia y la Virgen de la Divina Gracia. Y vayan a ver La Milagrosa, que lleva en triunfo por Ciudad Jardín al Señor de la Esperanza en su paso de misterio, acompañado por la guardia judía, y a la Virgen del Rosario bajo palio.

Debemos cuidar y ayudar más a estas hermandades. No las olviden. Son cofradías de primera, de primera necesidad.

MISTERIOS DE SEVILLA

Los pasos de misterio están entre las grandes creaciones de la Semana Santa sevillana. Cuantos más personajes haya alrededor de Cristo, más misterioso es el paso y más le gusta al pueblo llano.

Entre los personajes secundarios de la Pasión, el más popular es Poncio Pilato. Y, parafraseando al poeta Antonio Rodríguez

Buzón, yo les voy a decir que Pilatos habrá otros, pero como el de San Benito, ninguno. Porque el de San Benito va de pie y es un presentador.

Una señora le llevó un ramo de flores el Martes Santo. "Esto es para Pilato", dijo ella. "Para el Señor de la Presentación", la corrigió un cofrade. "Bueno, sí, pero para Pilato", insistió ella. Otra mujer preguntó por las estampas: "Es que Pilato me ha hecho un milagro y quiero su estampa".

¡Ojo, que nadie se equivoque! Pilato no hace milagros. Por supuesto, al Señor se le quiere mucho más que a su presentador. El pueblo de la Calzada no le condenaría. El Señor de San Benito es el amor del barrio.

El Pilato de la Macarena va sentado. Está encantado de conocerse, porque lleva detrás a los armaos. Aunque Pilato ya sabe que la Centuria obedece al Señor de la Sentencia. En Él está la verdad. A Pilato le hubiera gustado nacer en la calle Parras y ser vecino de Juanita Reina y Marta Serrano. Pero lo siento, Pilato, no todo el mundo puede ser macareno. A Pilato le hubiera gustado ser capitán de los armaos, pero no consiguió entrar en la Gandinga. Tampoco todo el mundo puede ser armao.

Pilato está triste y ha llegado a una conclusión:

Que Roma es Sevilla con más obispos.
Y Sevilla es Roma con más armaos.

No llores más, Pilato,
deja tu pena,
que hiciste la Sentencia
con la condena,
pero te ha perdonado
la Macarena.

Entre los pasos de misterio, hay un género propio que es el de los tribunales. Son la gloria de los costaleros y suelen andar como los ángeles.

Como los ángeles anda el Señor del Silencio ante el Desprecio de Herodes, cuando va por la calle Cuna, que es como un desfiladero hacia la eternidad. Al Señor del Silencio le basta su mirada para decirle a Herodes todo lo que le tiene que decir: nada. Su Silencio blanco nos suena a música celestial.

Al pregonero le hacen peticiones. Un conocido cofrade de San Gonzalo me dijo: "Cuando hable usted de San Gonzalo no comente nada del *izquierdo por delante*, que eso lo dicen todos los pregoneros, y no se olvide de la Virgen de la Salud". Así que yo no voy a hablar del *izquierdo por delante* de los costaleros de San Gonzalo, que tienen merecida fama por sus andares. En este paso el Señor expresa su Soberano Poder, y Caifás tiene cara de ser más malo que el hambre. La Virgen de la Salud siente un dolor sereno que Ella convierte en Salud de cuerpo y alma. Salud de San Gonzalo, que ocultas tu dolor, pon remedios y calma, y sana nuestro corazón.

El Martes Santo sale el paso de Jesús ante Anás. La gente lo conoce como *La Bofetá*. Es un misterio elegante, que admiramos cuando atardece en San Lorenzo. La bofetá se perfila en el aire, mientras el incienso arde. El sayón Malco tiene la mano ligera y la cabeza hueca. Más pérfido es Anás, que castiga a un inocente y esconde la mano. ¿Y el Señor qué hace? Lo más difícil. Pone la mejilla y perdona.

A los malos se les nota mucho. Herodes y Caifás van en el paso de misterio del Polígono de San Pablo. Son tal para cual. Presumidos y enjoyados. Unos elementos de cuidado, que odian al Señor Cautivo.

La flora y la fauna

La flora y la fauna pasionista también están en los pasos de misterio.

Los más rancios dicen que la Semana Santa comienza cuando la Borriquita baja por la rampa del Salvador. Vemos una palmera. Y el Señor va en una burra y hay otra más pequeña. Sin borriquita y sin palmera no podría empezar la Pasión según Sevilla. Y no me olvido de Zaqueo, un recaudador publicano, al que reconvirtieron en un simpático enanito.

En los pasos de misterio el árbol preferido es el olivo. Los olivos tienen cimbreos que ponen los vellos de punta. En el huerto de los olivos estaba Jesús cuando Judas le besó. Ese beso no se termina de dar, mientras los costaleros lo mecen por la Alfalfa. Al Señor en Sevilla lo besamos de verdad y se le monta un besapié; pero de mentira nadie lo besa.

Noche del Miércoles Santo, plaza del Salvador. Por allí va el Prendimiento. Otra vez Rodríguez-Buzón: olivos habrá, pero como el de Los Panaderos, ninguno. Un año, por un percance, salió sin el árbol. Siempre hay que rezar al Señor, pero no es lo mismo que vayan a prenderlo sin el olivo.

El otro olivo primordial es el de Montesión. Tarde de Jueves Santo, cuando viene a lo lejos la Oración en el Huerto, con ese olivo que se cimbrea como un velero en la mar. Señor de Montesión, tú que nos enseñas a orar, ten piedad de nosotros, ayúdanos a protegernos bajo el olivo de tu cielo.

En Sevilla los caballos no son sólo para la Feria y para pasear a los turistas. Aquí los caballos se pasean el Jueves Santo, cuando sale de Santa Catalina ese misterio portentoso. A la gente le gusta verlo en las cuestas. Los caballos suben mejor que bajan. Pero no olviden lo que representa: la Exaltación, el momento terrible en el que la cruz de Cristo es levantada.

El caballo de la Sagrada Lanzada es imprescindible. Hasta lo cambiaron para mejorarlo. En este enorme paso de misterio, además del Cristo y la Virgen de Guía, fíjense en San Juan, una imagen de gran valía. Cristo sale muerto de San Martín.

¿Y qué vemos? Una infamia a caballo. ¿O no es una infamia darle una lanzada al Hijo de Dios, que va muerto por amor?

Y lo vuelvo a decir. Caballos habrá muchos, pero como el de Triana, ninguno. Se mueve que es tela marinera. Agobiado por las Tres Caídas va Jesús con el Cirineo. Y se le añadió el caballo. Es un caballo apócrifo, basado en el Evangelio según Triana, que es el barrio donde está la calle Evangelista. Con las Tres Caídas del Señor, se levanta Triana. Y, cuando se levanta, se va derecha al cielo con Él.

En el misterio de la Milagrosa, además de un tribuno a caballo, hay un niño con un perro. Y nos queda el gallo. El Carmen nos muestra una enseñanza inolvidable de la Pasión: hasta los más fieles, hasta los que se dan golpes en el pecho, pueden negar al Señor de la Paz en menos tiempo del que canta un gallo.

Los misterios de Sevilla se resumen en seguir a Cristo. Aunque cante el gallo. Y aunque nos bese un traidor, nos desprecien, o nos den una bofetá.

EL PASO DE PALIO

El paso de palio es otra gran creación artística de Sevilla.

El primer paso de palio que sale el Domingo de Ramos es el de la Virgen de la Paz. Sevilla tiene un color especial para ese día feliz: tarde verde y amarilla, de globos, bolas de cera y estampitas, de helados y torrijas, de estrenos de primavera y tiritas en los pies, de primeros amores y últimas renuncias. Y, de repente, la Virgen de la Paz, que viene por el Parque.

Paz, que es el primer mensaje del Domingo de Ramos. Este año queremos ser el pañuelo de tus manos, Virgen de la Paz, para compartir tu llanto por tantos niños, mujeres y hombres que han muerto masacrados en Israel y Gaza, en Palestina, Líbano, Siria, en aquel Oriente evangélico. Tierra santa, teñida de sangre por el odio y la guerra.

El diálogo de La Amargura

Todos los pasos de palio de Sevilla se resumen en uno: la Amargura.

Amargo es el sabor de tu dolor, que borda con hilo de oro fino el palio del tiempo. Silencio blanco, que iluminan dos ángeles de plata fina con sus faroles. Silencio blanco, callad todos, que va la Virgen de la Amargura con San Juan a su lado, y se dirán todo lo que piensan, sin que oigamos nada. Están hablando sin hablar. Están diciendo sin decir.

La Amargura es ver a la Virgen y San Juan, cuando ya oscurece. En sus ojos se oculta la menta amarga de un mar de lágrimas que no se ven. ¿En dónde se pierde la mirada de San Juan? ¿En dónde se fija la mirada de la Amargura? ¿Por qué los ojos se cruzan, sin encontrarse? ¿Por qué se nos oculta ese diálogo sublime? ¿Por qué no se oye ni un suspiro?

San Juan le va a decir algo, pero le basta con mirarla. Ese dolor es el de su Amargura coronada. Y están hablando sin hablar. Y están diciendo sin decir. Y están llorando sin llorar...

Ya en la alta noche, la Amargura se encontrará en el convento de las Hermanas de la Cruz con ese testimonio de entrega absoluta que han aprendido de Santa Ángela y de la beata María de la Purísima y del beato José Torres Padilla. Ese convento es un enjambre de santidad. Monjas que caminan en parejas, por calles oscuras, y entran en hogares rotos. Muchos irán a ver a las Hermanas de la Cruz rezando a la Amargura, pero vedlas también en Torreblanca, donde viven junto a los pobres. La Amargura tampoco necesita palabras para las Hermanas de la Cruz. Sus lágrimas son las mismas de ellas. La Virgen las bendice con su mirada. Bendita fue Santa Ángela. Y benditas son las Hermanas de la Cruz, que reparten esperanza a los que sufren amargura.

¿Y VOSOTROS QUIÉN DECÍS QUE SOY YO?

"¿Y vosotros quién decís que soy Yo?". Esa pregunta se la hizo Cristo a los discípulos. Le podemos responder: Unos dicen que no creen en Dios, pero te ven en un espectáculo costumbrista maravilloso. Otros dicen que se lo pasan bien, pero no creen en la Iglesia. Y esos dicen que creen y van a verte en Semana Santa, pero te olvidan el resto del año.

"¿Y vosotros? Vosotros, los cofrades, ¿quién decís que soy Yo?".

—Tú eres el Cristo de la Vera-Cruz, que el Lunes Santo atravesó en silencio la plaza del Salvador. Y te perdieron de vista, cuando cruzabas como un rayo verde. Cristo que enseña a los incrédulos la verdad de la Vera-Cruz.

—Tú eres el Cristo de las Almas, de los Javieres, que el Martes Santo pasaba entre murmullos por la Avenida. Cristo que sanará las almas, si entendemos esa espiritualidad de los jesuitas que sigue viva.

—Tú eres el Cristo de Burgos, que el Miércoles Santo iba por la Alcaicería. Algunos *cangrejeaban*, más preocupados por los balcones que por quererte. Cristo de Burgos y de Sevilla, universal, que abre sus brazos para todos.

—Tú eres el Cristo de la Conversión, de Montserrat, que recorría la calle Castelar entre cornetas y tambores el Viernes Santo. Eres el Gran Poder subido a una cruz, y no te puedes morir sin convertirnos.

"¿Y vosotros quién decís que soy yo?".

Los cofrades debemos responder: "Tú eres Cristo. Tú eres el camino que nos lleva a la verdad. Tú eres la razón de nuestras vidas".

II
POR LOS BARRIOS DE SEVILLA

Barrios del Casco Antiguo

San Lorenzo

LOS barrios forman parte esencial de la Semana Santa. Por eso, hay que salvarlos, y no resignarnos a que sus pisos sean sólo para los turistas.

Barrio de San Lorenzo, barrio de los poetas, donde la Semana Santa arranca con el besamano del Señor y termina cuando la Soledad entra. El Martes Santo veremos el misterio de la Bofetá. A esta cofradía la llaman los más clásicos *El Dulce Nombre*. Y le hace justicia, porque se refiere a la dulzura suprema de su Virgen. ¿Hacia dónde miras, Dulce Nombre? ¿En qué naufragio se hundió tu pena? La Virgen del Dulce Nombre, en la noche oscura, es como un terremoto de luz. San Juan no le dice nada, pero oye el Dulce Nombre con el que la llama Dios desde el cielo.

El Buen Fin es una cofradía franciscana, con y sin túnica, que abrió un camino pionero y ejemplar para la caridad, con su

Centro de Estimulación Precoz para niños. El barrio se reúne en la plaza de San Lorenzo el Miércoles Santo. El año pasado estrenó un misterio, muy elogiado. No obstante, la figura principal es el Cristo del Buen Fin, uno de los grandes crucificados de la Semana Santa. Cuando la Virgen de la Palma llega, San Lorenzo se viste de primores y delicadeza. Esa Palma de su sacrificio se ha rizado con lágrimas de cristal, que enmudecen los versos de los poetas.

LOS CAMINOS DEL SEÑOR

Todos los caminos van a San Lorenzo. El Niño al que adoraron los Reyes Magos ya es un hombre. ¿Dónde están el oro, el incienso y la mirra? Ahora sufres con una cruz. Y, sin embargo, en tu rostro se resume el Gran Poder del Universo. En tu rostro hay 33 años de vida y un solo día de muerte. En una exposición, Antonio Álvarez del Pino pintó 33 veces el rostro del Señor, uno por año. Pero en su basílica el tiempo es eterno.

Todos los viernes del año conducen a San Lorenzo. Muchos devotos van a implorarte. Algunos sólo te rezarán cuando sufran. Otros te olvidarán.

Todos los caminos van a San Lorenzo. ¡Y qué duros parecen a veces! Cuando dudas, cuando le reprochas al Señor que no se cumplió tu voluntad, cuando le abandonas... Pero entonces será el Señor quien saldrá a buscarte. A los que sufran las secuelas de la marginación irá el Señor a verlos en los barrios más pobres. Si lo has insultado, irá a perdonarte. Si lo has olvidado, irá a recordarte. Si estás perdido en el mundo, irá a encontrarte.

Todos los caminos confluyen en una Madrugada. Cuando sube a su paso, cuando ya no quiere más besos en los pies, ni más besos en las manos, cuando los besos te los dará el Señor con su mirada.

La vida existe, Señor, cuando me miras. Con el Señor se cumplen las palabras del Papa Francisco sobre Jesús: "Si te llama, si te convoca a una misión, primero te mira". El Señor te mira, el Señor te llama. Fíjate en ese rostro, donde se juntan el horror y la gloria. Tropezar con sus ojos, encontrar la verdad cuando pasa como un trueno que estalla, cuando sigues su zancada, cuando descubres que te llama.

Todos los caminos se visten de morado en esa Madrugada, cuando el Hijo de Dios pasa tan cerca. Pájaros que trinan en el amanecer junto a su cruz, faroles dorados que nunca se apagan, remotos los clamores de músicas y esperanzas, una brisa heladora que llega del río, misterioso el cielo entre luces tibias en esa plaza. Todos los caminos han llevado al Señor hasta San Lorenzo, para volver a encerrarse, no en sí mismo, no en el templo, sino en el tiempo, para esperarte, para que vayas, para que le reces y le entregues tu alma.

El Gran Poder te busca, el Gran Poder te espera y el Gran Poder te salva. El Gran Poder es el Señor de Sevilla y el Hijo de la Esperanza.

DE SAN VICENTE A SAN JULIÁN

Barrio de San Vicente

Barrio de San Vicente, señorial, en riesgo de extinción, que el Lunes Santo renace con tres cofradías. "Toma tu cruz y sígueme". La cruz está presente desde que sale Vera-Cruz. Ruán negro y cielo morado para el Leño Verde.

Jesús de las Penas tiene una salida memorable. Se eleva una nube de incienso, le escoltan los naranjos, suena su marcha fúnebre, abraza una cruz que es una joya... ¿Y qué sabe nadie de las penas que se van y los dolores que cura cuando nadie lo ve? La Virgen de los Dolores es la perfección bajo palio. ¿Y cómo no acordarme de Juan Carrero Rodríguez? Lo que hoy vemos fue un milagro que se cumplió poco a poco. Sus Dolores nos conmueven en ese atardecer de ensueño que se dibuja en San Vicente.

El Museo expone el arte al servicio de la oración. El Cristo de la Expiración es más frágil y morirá antes que el de Triana. Su cuerpo se agita en la cruz como una serpiente. Cristo expira, mientras reza por nosotros. Y la Virgen de las Aguas, a la que dedicó Manolo Toro mil pregones, a la que Paco de los Santos y Manolo Caballero vestían como sólo se la puede vestir a Ella, no como monja, no como reina, sino como Aguas. Es la Virgen que Murillo quiere pintar desde su estatua. Sólo esta Virgen es así: Pura y Limpia del Museo.

Miércoles Santo. Siglos de historia se recuperan en un paso. Siete Palabras de amor y una mirada devastada. Cristo le habla a la Virgen, a San Juan y las Marías, pero también a nosotros. Misterio que sigue la estela que marca el Nazareno de la Divina Misericordia en su andar presuroso. Y la Virgen de la Cabeza, que se siente triste y sola, y necesita que la quieran.

Barrio del Arenal

El Arenal se mira en el río y encuentra un reflejo de Triana. Barrio de capillas pequeñas y misterios grandes. Habaneras de Antonio Burgos, sevillanas de El Pali y versos de Florencio Quintero por sus rincones.

El Baratillo es el Arenal más taurino. Muchas hermandades crecieron gracias a la generosidad de sus cofrades. Algunos hasta se endeudaron, para que a su Virgen y a su Cristo no les faltara nada. Hoy el Baratillo vive un momento de esplendor. Pero no ha sido fácil. Por eso es de justicia acordarse de los que forjaron esta hermandad. Como Otto Moeckel, un sevillano de pedigrí alemán, cuya memoria se recuerda al lado de la capilla. Su hijo Joaquín también fue hermano mayor. Una cofradía crece con sus hermanos mayores, y con los cofrades que se ganan ese nombre.

En el Baratillo hay dos Vírgenes coronadas. Caridad que ilumina el Guadalquivir como un faro desde una orilla. Piedad que lleva al Hijo en su regazo, y se mece como un mar que muere en cada ola.

La Carretería tiene túnicas azules de terciopelo, que enjoyan la penitencia. También lo digo: habrá muchas túnicas, pero como las de La Carretería, ¡ninguna! Ese paso parece un galeón enorme, que se quedó varado en el río junto al Postigo del Carbón. Hay diez imágenes, tres cruces y dos escaleras. Ahí están las Tres Necesidades, con el Cristo de la Salud tan tristemente cadáver. La Virgen del Mayor Dolor en su Soledad mira el cielo del Viernes Santo, que es de un azul oscuro casi negro, un azul Carretería, el color de su dolor.

Las Aguas se mudó a otra capilla pequeña. Es cofradía del Arenal, pero también de Triana, donde tuvo sus orígenes, que está conmemorando 275 años después. El gran misterio de las Aguas es fuente de vida. Aguas que sacian la sed de Dios. Aguas para la redención.

A los pies de Guadalupe

Y Guadalupe, que nació de un sueño. En un piso social de San José Obrero vivía un niño imaginero, que talló su primera Dolorosa con unas vigas. Aquella Virgen ya estaba en la parroquia de San José Obrero. Pero, poco después, cuando apenas había cumplido 15 años, tuvo un sueño.

Era una niña con cara de Virgen, no al revés. Esa niña era la doncella de Nazaret. Era la niña que después sentiría el Mayor Dolor de una Madre, que es ver a su Hijo muerto ante sus ojos.

Guadalupe es la cumbre del modelo sevillano que idealiza a la Dolorosa como niña. Ella abrió las puertas de la gloria para Luis Álvarez Duarte. Hasta que un día triste, en su taller de Gines, la muerte le sorprendió.

Hoy, a los pies de Guadalupe, reposa el niño imaginero que modeló un sueño. Hoy, Luis, tú no estás en este teatro, pero cerca, en la capilla, seguro que Ella te bendice. Y en las noches solitarias suspirará entre lágrimas, porque pasan los años y sigue siendo la Virgen más joven de Sevilla.

> A ti no te hizo mujer el tiempo,
> Niña de Guadalupe.
> Desde la Judería hasta el Arenal
> se perpetuó un momento.
> Y hoy Álvarez Duarte duerme
> en la eternidad su sueño,
> cenizas del amor, memoria viva,
> para nunca más perderte.
> Siempre contigo, Guadalupe,
> para recordarte que eres
> el fruto bendito de una idea,
> el amor más puro de su arte.

El Compás de la Laguna

Compás de la Laguna, donde ya no hay compás, ni laguna. Jesús se queda hasta sin las vestiduras. Entrega todo por nosotros. La Virgen de Dolores y Misericordia se recreará de noche por el Arenal, y quedará una melancolía de amores cuando la Virgen atraviese la laguna invisible de Molviedro.

El barrio de las Cruces

Santa Cruz está lleno de turistas, pero es el barrio de las cruces que presiden sus plazas. Y la cruz principal está en la parroquia, con el Cristo de las Misericordias.

Santa Cruz siente un escalofrío cuando Cristo vuelve de noche por la Alcazaba con la Virgen de la Antigua a sus pies. Cristo viene perdonando. Y perdonaría hasta a la luna que lo espera en la plaza de la Alianza. Cristo se refleja en el espejo de la fuente. En un azulejo se queda su estampa con un temblor de velas rojas... Y llegará la Virgen de los Dolores, de palio breve, con un llanto que duele. Santa Cruz romperá los tópicos, y volverá a ser el barrio de las Misericordias y los Dolores.

La Alfalfa y sus nazarenos

La Alfalfa tiene una identidad propia que se mantiene. La Alfalfa venera al Señor con la cruz a cuestas en San Isidoro y en San Nicolás.

Señor de la Salud, con su cortejo blanco, que nos lleva a la gloria herreriana, sevillanos, a la gloria, de la Virgen de la Candelaria. Señor de la Salud que es una imagen de larga historia. Señor que llegó a San Nicolás, a esa encrucijada, donde la Judería revira hacia la Alfalfa. Y ahí quedó, para que le pidamos la salud del alma.

La Puerta Carmona y la Puerta Osario

Barrio de la Puerta Carmona. Hoy la puerta es la de San Esteban, donde Ariza el Viejo retó a la ojiva. El Cristo de la Salud y Buen Viaje está allí siempre, y nos deja la ventana abierta para que vayamos a acompañarlo.

Desamparados se llama su Virgen, como la patrona de Valencia, donde sufrieron una catástrofe terrible. Saldrá el Martes Santo. Cuchillos de piedra amenazarán seis veces a los varales que pasan a compás, y el último se lo ofrecerá a Valencia, como el puñal de su dolor. Desamparados te llaman ¡y qué bien te pusieron el nombre! Eres la Madre de Valencia; y en Sevilla eres la caridad y la solidaridad con las víctimas. Desamparados, Tú eres la memoria viva de 224 muertos.

Barrio de la Puerta Osario. Tampoco hay puerta, ni osario. Quedan bares con carteles. Y ansiedad de que sea Domingo de Ramos para que salga San Roque. El Nazareno de las Penas, con su Cirineo, será retratado junto a las torres de Santa Catalina y San Pedro, tan fotogénicas. Y una multitud le esperará en la tribuna de las *Setas*. Hasta allí es bonito.

Por la noche, en Caballerizas, se cumple lo que se lee en un azulejo. Esas bambalinas repican a gloria. Esos varales perforan las tinieblas. Balcones que piden a gritos una saeta para esa Virgen, que llora con la cera, que canta con su palio, que nos deja atrapados por su mirada, hechizados por sus lágrimas, con las penas de que no sea siempre Domingo de Ramos, cuando la Virgen ilumina con su Gracia y reparte su Esperanza.

Y la Puerta Osario esperará al Jueves Santo, para ver a Los Negritos con el Cristo de la Fundación, y a los ángeles subidos en el paso de una Virgen.

Rocío de Santiago

Barrio de Santiago, con hoteles y sin corrales como los de antes. Pero está más viva que nunca la cofradía del barrio. Hoy, con Fernando Baquero y Manolo Yruela viéndola desde el cielo, La Redención es el Rocío de Santiago, porque este año se corona su Virgen.

PREGÓN DE LA SEMANA SANTA

El Rocío baja del cielo
y se queda en Santiago.
con el dolor contenido,
para pasear bajo palio
a una paloma prendida
en ese techo bordado.

Tu barrio aguarda este día
para vivirlo a tu lado:
a Sevilla desde el cielo
llegas cada Lunes Santo
para que alegren tu pena,
para que alivien tu llanto,
para que te digan al oído:
tú eres mi relicario,
Tú eres siempre mi Virgen,
la que habíamos soñado,
saeta que canta Angelita,
Rocío limpio de pecado,
la alegría de las Marismas,
la Virgencita del barrio,
con el Rocío de tu dolor
que se corona en Santiago.

La muchachita de San Julián

Barrio de San Julián, que conserva un aire de pueblo lejano en esas calles recónditas que enmarcan los conventos de Santa Isabel y Santa Paula.

La Hiniesta perdió a sus antiguas imágenes en el fuego del odio. Castillo Lastrucci las hizo de nuevo, y el Domingo de Ramos vemos al Cristo de la Buena Muerte abriendo los brazos del perdón junto a la muralla.

Y la Virgen de la Hiniesta… "Era una muchachita del barrio de San Julián, que no sabía si reía o lloraba", según Romero Murube. "Soy de Sevilla". Y Sevilla la revivió, cuando la condenaron al fuego. Cada Domingo de Ramos vuelves a ser la muchachita de San Julián, que se asoma vestida de azul y plata. Y volverás de noche por calles escondidas, donde las macetas tienen flores para ti, donde las fachadas se pintan para ti, donde la saeta sólo se canta para ti. Sevilla la vio morir y en Sevilla volvió a vivir. Y esta será siempre su tierra, la Sevilla de María Santísima de la Hiniesta.

MÁS ALLÁ DE LAS MURALLAS Y LAS PUERTAS

Más allá de las murallas y las puertas que ya no existen salen cofradías desde el Viernes de Dolores hasta el Sábado Santo. Los barrios cofrades vertebran Sevilla y han engrandecido la Semana Santa.

La Calzada perdió su puente y parte del barrio. Pero siempre quedará San Benito. La cofradía, que empezó con el misterio de la Presentación y la Virgen de la Encarnación, se completó con el Cristo de la Sangre. Tres pasos para mantener vivo a un barrio.

Barrio del Porvenir, en el que se fundó la cofradía de la Victoria y la Paz. La Victoria del Señor es la Paz de la reconciliación. La Victoria del Señor es recibir una cruz. A hombros de sus *legionarios del costal*, como los llamó Manolo Santiago, va por calles donde aún quedan chalés y casas familiares. La Virgen de la Paz es la capitana general del Porvenir.

El Tiro de Línea y El Cerro del Águila

El Tiro de Línea es el territorio de Santa Genoveva. Allí se creó la regla de oro para que barrio, parroquia y hermandad sean una trinidad a la sevillana con una sola fe verdadera. El Tiro de Línea no necesita misterios, le basta con el Cautivo. Lo podrán abandonar los discípulos, pero le acompaña todo el barrio. Su Virgen se llama Mercedes, patrona de los que están presos de devoción y son cautivos de sus amores. Cuando se hable de cofradías lejanas, pensad en Santa Genoveva, que es una nueva madre y maestra.

El Cerro del Águila creció donde el Bizco Amate dio las tres voces, que serían por fandangos. Barrio modesto, con la Virgen de los Dolores como consuelo. Y llegó el Cristo del Desamparo y Abandono. Lo acompañaron de un misterio en el que hay romanos que se parecen a Paquili y a otros sevillanos. Y se sumó el Nazareno de la Humildad, que hizo Juan Manuel Miñarro. La Reina del Cerro es la Virgen de los Dolores. Peregrina a la Catedral el Martes Santo para que Sevilla sepa que en el Cerro sus Dolores son por el desamparo y el abandono que sufren los humildes.

De Nervión al Polígono y El Plantinar

Barrio de Nervión, que no es sólo de edificios residenciales. Queda una parte de las casas regionalistas y los antiguos chalés. Nervión se une el Miércoles Santo junto al Cristo de la Sed y la Virgen de Consolación, que llevan consuelo al Hospital de San Juan de Dios. Consolación que está en Nervión bajo palio, capitana de una barquilla de plata para navegar entre los que sufren.

Y el Cristo de la Sed. Fue el primer crucificado que talló Luis Álvarez Duarte. El Cristo de la Sed se agita y se retuerce. Parece que se va a salir de la cruz, con el ímpetu de una fuerza enorme. Es la fuerza de la salvación.

Este Cristo ha cumplido más de medio siglo. Parece joven, y ya es un clásico de la Semana Santa. El Cristo de la Sed es su cuerpo y es su sombra, con ese perfil inconfundible que se dibuja en las paredes. Hasta su sombra nos está gritando que tiene Sed. Y su Sed es de vida eterna. Es la Sed que le llevó a buscar una fuente de amor en Nervión.

Y el Polígono de San Pablo, que es de los tiempos en que Sevilla crecía con viviendas sociales. Este Cautivo no va solo. Del taller de Álvarez Duarte también salió el misterio. Y la Virgen del Rosario, tallada cuando su autor trasladó el color del mar a los ojos de tres dolorosas. Una es la del Rosario, que refleja el vaivén de su llanto como olas que rompen mar adentro.

Barrio de El Plantinar, con mayores y estudiantes que alquilan pisos. El Sábado Santo sale el Varón de Dolores, que es el Mesías bíblico humillado. La Virgen del Sol va en santa compañía. Pasa por avenidas inhóspitas y espera el calor de su barrio. Que nunca se quede sola. Bendita sea.

Arrabal de San Bernardo

Barrio de San Bernardo, con sabor a pueblo, de toreros y artilleros, y con muchas necesidades. El Cristo y la Virgen fueron la Salud y el Refugio de los vecinos. Después llegó el éxodo. Pero hay un día en que regresan.

Y cuando es Miércoles Santo, la calle Ancha de San Bernardo está de fiesta y abarrotada. El Cristo de la Salud va muerto, pero se pasea, y se despide con los brazos abiertos cuando revira hacia el puente. La marea morada y negra se encuentra en el horizonte con el Giraldillo, que salió de las fundiciones de San Bernardo. El Cristo sube el puente como si lo llevaran al cielo. El puente que era imposible de derribar. El puente que está ahí todo el año, esperando a que sea Miércoles Santo y pase San Bernardo.

La Virgen del Refugio es la guardiana del barrio, la que consagró con su belleza a Sebastián Santos, la que recibió en el cielo a Pepe Portal y a Fernando Carrasco. Refugio, que bendice y saluda a su gente, a los que saben que por mucho que pase el tiempo, por muy lejos que se vayan, siempre volverán, como testigos de las piedras y los recuerdos. Buscarán la Salud y el Refugio, y vendrán sus hijos, y vendrán sus nietos, volverán todos a San Bernardo, porque allí está su vida y ese amor es eterno.

Y TRIANA...

Y Triana, que no es un barrio, sino que es otra galaxia.

Los científicos investigan cómo fueron creadas las estrellas. Para saberlo basta con ir a la calle San Jacinto. Allí está la Estrella, que nos guía el Domingo de Ramos como si fuéramos magos.

El Señor de las Penas está en el Calvario, esperando que lo claven en la cruz unos esbirros. ¿Sólo espera que lo claven? El Señor de las Penas está esperando para que lo lleven por el puente y lo vean en Sevilla. Y en la madrugada volverá a Triana, que es donde el Señor espera a su gente.

Un pintor, Daniel Franca, recreó la luz de la Estrella en el cartel de la Semana Santa de 2023. Ese paso es una catarata de fuego. Cuando la Estrella se perfila en la oscuridad, la noche tiembla. A un lado Sevilla, enfrente Triana. El río entre las dos orillas. Y ya la única Estrella es Ella, las otras son espejismos. Y ya no lloran las cornetas, lloran los cometas. Y llora la Estrella, que nos lleva en volandas hasta la puerta del cielo.

La Semana Santa trianera no se entiende sin la calle San Jacinto, que se vuelve blanca el Lunes Santo con San Gonzalo. Y tampoco sin la calle Castilla un Viernes Santo.

Calle Castilla, Viernes Santo. Nazarenos junto a Jesús Nazareno, que va más encorvado, porque carga la cruz de los pesares de Triana.

En la O está la quintaesencia trianera, la del mercado, la del castillo, la del paseo, la del río. La O es el óvalo de la Esperanza, la O es un Viernes Santo infinito, la O es el círculo que guarda el amor.

Por la calle Castilla
el Viernes Santo
 El Cachorro y La O
van caminando.
Corazones unidos,
clavel y lirio.
Y la Virgen de la O
allí no llora,
te llena de Esperanza
y te enamora.

LA AGONÍA DEL CACHORRO

Es noche agotada. Vuelves por el puente, Cachorro, y has prometido esos abrazos que nunca podrás dar, según escribió Aquilino Duque. Por el puente es más dura tu agonía. Con la mirada vidriosa, estás recordando tu vida. Recuerdas al niño que jugaba en la carpintería de José con la madera. Recuerdas al joven que recorrió Galilea, Samaria y Judea para predicar y hacer milagros. Recuerdas al Jesús que anduvo en la mar y al que entró en Jerusalén montado en una borriquilla. Recuerdas que un discípulo traidor te entregó y los demás te abandonaron. Y estás sintiendo en tu cuerpo lacerado el chasquido de los latigazos, la corona de espinas clavada en la frente, las rodillas amoratadas por las tres caídas, las manos y los pies taladrados por los clavos, la sangre amarga en tu garganta, reseca por una sed que no se sació con la esponja. Y miras hacia abajo, y te agobias con el dolor de la Madre, y lamentas el llanto de Magdalena, que se aferra a la cruz desesperada. Y prometes el paraíso a un infeliz que se convierte. Te duelen el cuerpo y el alma. Nadie sabe que un espasmo atroz te sacude las entrañas. Hombre, eres un hombre moribundo, que sufre, y lamentas que Dios te ha abandonado. ¿Pero vas a dudar ahora? Recuerda que eres el Cachorro sacrificado para salvar a los hombres. Y pronto ya no verás a esa multitud que te rodea.

Y sigues, Cachorro. Y Tú, sobre el puente, te acercas a Triana. Recuerdas que eres el Hijo de Dios. Eres el que algunos confundieron con un gitano de la cava. Eres el que sintió el fuego lamiendo la piel de tu madera en aquel infierno que un día se formó en tu templo. Y no, Tú nunca morirás, Cachorro. Tú eres eterno en esa agonía que se refleja en tus ojos, que vas a morir y no mueres, que vas a resucitar y ya estás resucitado, que prometes abrazos y siempre los vas a dar, porque tienes los brazos abiertos en la cruz y nos llevas dentro de tu corazón sagrado. Estás al final del puente. Levantas la mirada al cielo, y cuando ves la luna que brilla en el cristal oscuro de la noche, suspiras, y ya sabes que tu Expiración será eterna. ¡No, así no mueren los hombres! ¡Así viven! Y así vive el Hijo de Dios cuando regresa a Triana.

El cielo pintado de verde

En este Año Jubilar, el Cachorro irá a Roma en mayo. Y la Esperanza de Triana irá en otoño hasta el Polígono Sur en Santa Misión. Siempre es misionera de Esperanza. Una noche estuve a su lado, y entendí que la Esperanza es una trianera que nació en Nazaret por casualidad, porque la cigüeña que envió Dios iba a Triana y se despistó.

La casa de la Esperanza está en Triana. Avanza impaciente la noche y saldrás a Triana. Pasarás por el puente en la alta madrugada y dirán que vienes de Triana. Se apagará la noche y volverás con tu luz a Triana. ¿Y qué es Triana contigo? Triana es el cielo pintado de verde. O es lo que escribió Romero Murube: "Triana es de plata con un anillo verde".

Triana es tierra de barro, de fragua, de cante, de toreo, de poetas, de descubridores, de vecinos con arte... Triana es una fantasía junto a un río, que en sus aguas descubrió la Esperanza.

Balcones en el cielo para lanzarte pétalos de flores. Balcones en el cielo para cantarte saetas en el Baratillo, porque han cerrado la cárcel del Pópulo. Balcones en el cielo para decirte piropos. Pero todos los balcones del cielo, cuando llega la madrugada, se bajan a la vera del río y se llenan para verte por las calles de Triana.

Y aquí te cantaría una saeta hasta Antonio Machado, otro que se equivocó, porque en Triana la Esperanza es marinera y camina sobre la mar.

En el cielo te hace coronas de oro Juan Borrero. En el cielo te habla el mudo, te oye el sordo y te ve el ciego. Y en Triana también. En Triana se pinta la Pureza de verde, se escribe con letras verdes, y se reza con túnicas verdes. Verde que te quiero verde. En Triana se cumple el romance de Federico García Lorca. Verde es el viento, verde es el río, verde es tu sueño, verde es tu llanto, verde es la mañana, verde es el puente, verde es tu manto, verde es tu paso, verde es Triana, que llora lágrimas verdes al compás de su Esperanza.

De Catedral a Santa Ana
hay un diálogo de amores
un revuelo de campanas,
de cornetas y tambores.
Desde Triana a Bonanza
el río es verde y plata
y se llena de Esperanza
con la luz de tu mirada.
De Catedral a Santa Ana
se tiñe el aire de verde
y el sol dora tu cara
y el cielo baja a verte.
Desde Triana a Bonanza
el agua siente escalofrío
que vuelve la Esperanza
y se refleja en el río.
De Catedral a Santa Ana
un gran clamor se oye,
se despierta la mañana,

la Giralda guiña a la torre.
Está la Esperanza cerca,
ya regresa de Sevilla,
ya es como una nave
que se acerca a la orilla.
Echa el ancla, Marinera,
que Triana está a tu vera,
prisionera de amores,
que eres su carcelera
por los siglos de los siglos
y en el puente te espera.
La mañana se estremece,
y el tiempo se arrodilla,
y un rumor suena a lo lejos
y se acerca con la brisa.
Se ha abierto la mañana,
ya tiembla el nuevo día,
y la Virgen es de todos,
pero ahora es más trianera
que sevillana y nazarena,
por la gracia Marinera.
Vibra en el puente el suelo.
El cielo ya está en Triana.
De Catedral a Santa Ana
el aire grita tres palabras:
Esperanza de Triana,
Y el eco lo resume en una:
Triana, Triana y Triana.

III
DEL AMOR Y LA MUERTE
A LA ESPERANZA

EUCARISTÍA Y JUEVES SANTO

LA Eucaristía está presente en la Semana Santa desde el Domingo de Ramos. Ese día vemos salir de Los Terceros el paso de la Sagrada Cena. El intenso expresionismo de los apóstoles contrasta con la serenidad del Señor. Es un misterio esencial: la Semana Santa no se puede entender sin la Eucaristía de la Sagrada Cena.

Y la Eucaristía se hace realmente presente en la tarde del Jueves Santo, cuando Jesús Sacramentado nos espera en los sagrarios.

Oficios de Jueves Santo en Santa Inés, como en un oasis espiritual. Están las clarisas rezando. Mantillas en el templo, la elegancia sagrada de la mujer sevillana. Al fondo, un rumor: las cornetas de la Exaltación, que baja por la calle Gerona. En Santa Inés, otra procesión va por dentro, hacia el monumento. El Santísimo es adorado en el arcón de ébano y plata.

Cantos eucarísticos. Y, de fondo, otra vez la música. Jueves Santo en el monasterio y en las calles. La Virgen de las Lágrimas, con ese llanto señorial, tierno y sensible que derrama.

Es tarde de Jueves Santo. La cruz de Los Negritos está llegando a la Catedral cuando el Santísimo ya preside el monumento. El Cristo de la Fundación, en su paso de caoba, con faroles gruesos centenarios, revela que su muerte es un trampantojo de la vida. Y la Virgen de los Ángeles es Señora celestial en un paso con el que Juan Miguel desafió a Juan Manuel.

Es tarde de Jueves Santo. Están vacías las calles de Los Remedios. Las Cigarreras saldrá de Los Terceros, como en otros tiempos. Hoy recuerdo a su fallecido hermano mayor, José García Pastor, que luchó por la hermandad hasta el final de su vida. Los azotes del destino nos atan a la columna sagrada. Nos salva la verdadera Victoria.

Victoria, eres el relicario perfumado donde se deposita el consuelo. Victoria, de mirada ausente, de añoranza suprema, resignada y amable, enséñanos a ganar la Victoria de tu cielo.

A las siete de la tarde el Señor de la Oración en el Huerto estará cerca de la Campana. En la Alameda suena un tintineo celestial de rosarios sobre varales de plata, como campanitas para su dolor. Y hay rosarios de mujeres de mantilla, que miran el pasar tembloroso de la Reina de Montesión. La Virgen del Rosario va recitando los misterios dolorosos con sus lágrimas.

A las siete de la tarde está Dios en los sagrarios de los conventos de clausura. En Santa Ana, en Santa Rosalía, en San Clemente, en Santa Inés, en Santa Paula, en Santa María de Jesús, en San Leandro, en Madre de Dios, en las Teresas, en las Salesas... En la Sevilla oculta y mística, junto a los patios silentes, los retablos barrocos y los murmullos que llegan de las calles, se eleva un reguero de plegarias al Santísimo.

La noche se abre entre cruces arbóreas. La noche acaricia la Giralda, majestuosa y altiva, cuando la Quinta Angustia pasa por la plaza de San Francisco. ¿Estáis preparados en los palcos para verla? ¿Estáis preparados para callar y ver?

Aquí digo que misterios hay otros, pero como el de la Quinta Angustia, ninguno. Cristo ha muerto y, sin embargo, vuela. Avanza Cristo descendido por la plaza mayor de la Semana Santa, en esta tarde de nostalgias. Avanza Cristo, su cuerpo se cimbrea con el vaivén de la muerte traicionera. A sus pies, la Virgen en su Quinta Angustia, con sus ojos como piedras preciosas de las que no brota ni media lágrima. Avanza Cristo, con el peso frágil de su muerte. Queda un rastro tenue de sus faroles, entre la caoba y el bronce.

¿Estáis puestos para verlo? ¡Miradlo otra vez! Y notaréis que ese Cristo colgado en el aire es un clavo ardiendo que nos taladra el alma.

Por la calle Laraña, quién lo diría, se nos va el Valle, se nos va la vida, como se le fue en la calle Rioja al poeta Rafael Montesinos, cuando salía con túnica morada. Esta es la Virgen de los poetas, que cumple lo que escribió Luis Cernuda: "llanto escondido, moja el alma". Las lágrimas de la Virgen del Valle son esa vida que pasa. Y recordaremos el verso de T. S. Eliot: "¿Dónde está la vida que hemos perdido viviendo?".

Se va el paso de los *espejitos*, con el Señor de la Coronación de Espinas, que es un primor de los misterios del pasado. Se va el paso de Jesús en la calle de la Amargura. En ese paño de la Verónica está la pintura del tiempo. Se va la Virgen del Valle, dejándonos un recuerdo de los ramos bicónicos de claveles rosas que le ponía Manuel Palomino.

> Anochece otro Jueves Santo.
> Y junto a las Setas, quién lo diría,
> de morado se tiñe la vida.
> Por la calle Laraña, adoquines
> tristes de la pena mía,
> llora la Virgen del Valle
> y llora la Sevilla destruida.

Por la rampa baja Jesús de la Pasión, y detrás la Virgen de la Merced, para cerrar el Jueves Santo. Juan Martínez Montañés lo hizo. Es un Hijo de Dios tan sublime que cuesta trabajo verlo como hombre. Pero alcanza la perfección en el sufrimiento con su cruz.

Recuerdo un antiguo Jueves Santo en el Salvador. Está la plata de Cayetano dibujando filigranas imposibles en el paso de Jesús de la Pasión. Y está la plata cobijando al Santísimo en la Custodia del monumento. Un hermano de Pasión rezando y llorando. Sentía el agobio de la enfermedad. Su mirada iba de la Custodia al paso. De Jesús Sacramentado a Jesús de la Pasión.

¿Y cómo no pensar que estaba sintiendo a Dios mismo? ¿Y cómo no creer que tenemos un Jueves Santo en los sagrarios, ante nuestros ojos, y no somos capaces de encontrar a Dios?

> Te miro y sueño que te veo.
> Te veo y siento que en ti creo.
> Pareces vivo con tu cruz,
> y sufres entre la plata,
> como Jesús del madero.
> Te miro, pero no te veo.
> No te veo, pero en ti creo.
> Estás humilde en el Pan,
> adorado con la plata,
> como Jesús verdadero.

La Pasión de Cristo nos conforta, el Pan de Cristo nos reconforta. Así se vive la Pasión del Señor, así está Dios un Jueves Santo en el Salvador.

Madrugada en la Catedral

La Madrugada concentra esas horas en las que Sevilla es una sucursal del cielo. Que nadie la profane. Que nadie la confunda con una noche de borrachera, ni se aparte de sus verdades. Está ungida por la gracia de Dios, pero es frágil, y necesitamos que cada año ocurra un milagro.

Voy a evocar una Madrugada íntima, la que se vive dentro de la Catedral, que será una Vía Sacra en esta Semana Santa.

Madrugada en la Catedral de nazarenos arrodillados ante el Santísimo. La música de viento de las saetas del Silencio como una caracola de siglos remotos.

Madrugada en la Catedral del Gran Poder, que la recorre con una zancada inmensa. Capirotes que se funden con una oscuridad sin límites.

Madrugada en la Catedral de nazarenos macarenos. Sentencia que pasa con un enigmático silencio. Esperanza con un manto que se vuelve negro, cuando toda la luz se refugia en su cara.

Madrugada en la Catedral con el Calvario. Un golpe seco, un crujido de la caoba, el suelo que tiembla... La cera fría de la muerte se dibuja en un cuerpo tronchado. Y el Cristo del Calvario pasa frente al Cristo de la Clemencia. Los dos parecen el mismo. ¿O vimos un Crucificado muerto que se miraba en el espejo de un sueño?

Madrugada en la Catedral con un revuelo trianero. El Señor de las Tres Caídas se levanta rápido. La Esperanza navega entre suspiros y piensa que la esperan en Triana.

Angustias de canela y clavo

Y cuando llega la cruz de los Gitanos se acaba la Madrugada, que pasó entre la noche y el día, como pregonó Enrique Casellas. Ya se agranda la mañana. En el aire se quedó *La Madrugá* en una marcha de Abel Moreno.

La devoción de los gitanos (y los payos) por el Señor de la Salud y la Virgen de las Angustias se merece que su templo se convierta pronto en una basílica. El santuario se queda corto, el amor de su gente es enorme.

Esta cofradía heredó la fe de los seis siglos del pueblo gitano en Andalucía. Gitanos que vienen desde los barrios pobres de Sevilla. Gitanos del Polígono Sur, donde la hermandad cumple las bienaventuranzas. Gitanos que aún vemos como una raza marginada. Pero son un pueblo privilegiado para Dios. Y están entre los primeros para la entrada del cielo.

Gitanos que han peregrinado también desde otras ciudades y pueblos, para acompañar en la mañana del Viernes Santo a la Virgen a la que confiesan sus Angustias. Y a ese Señor que carga su cruz, Salud de los gitanos. Y, cuando arranca, con cada zancada, se lleva las miserias del olvido.

Ya huele a canela y clavo
y no hace falta el incienso.
Ya te aclaman los gitanos,
ya se ha parado el tiempo.
Salud con una mirada,
la fe de siglos eternos.
Canela y clavo gitana
y las Angustias por dentro.

EL AMOR Y LA MUERTE SEGÚN SEVILLA

El amor y la muerte están presentes en las culturas religiosas y paganas. Eros era un dios del amor y Tánatos un dios de la muerte en la mitología griega. La Semana Santa nos muestra el Amor y la Muerte, pero le aporta un sentido trascendente. El Amor y la Muerte se plasman en dos imágenes, con las que Juan de Mesa santifica el dolor a través de la belleza.

El Amor está vivo en ese Crucificado muerto que sale en la noche del Domingo de Ramos. El Amor está en sus ojos cerrados, que ocultan una luz serena que se apagó. El calor de su Amor aún late en lo hondo de su corazón sagrado. El Amor tiene un símbolo a sus pies: el pelícano que alimenta a sus polluelos. El Amor nos alimenta. Sólo nos salva el Amor.

La Muerte está presente el Martes Santo en el Crucificado que sale de la Universidad. Cristo nos examinará al final de una tarde. Ha muerto, pero su lección es de amor. ¿Acaso la muerte ha impuesto su destrucción sobre el amor que sentimos en el Salvador? La Buena Muerte se enseña como un presagio de eternidad. Tanta belleza no es posible en un muerto.

Y ya no hay Eros ni Tánatos. Se rompieron los mitos paganos. Cristo nos salva con su Buena Muerte, Cristo nos salva porque va muerto por Amor.

La síntesis perfecta está en el Traslado al Sepulcro. Detrás va el duelo con la Virgen de las Penas, San Juan y Santa Marta. Y delante, la muerte y el amor, en la versión que modeló Ortega Bru en el siglo XX.

Tarde de Lunes Santo. Campana que dobla a muerto en San Andrés. Una brisa suave eriza las hojas de los naranjos. Silencio de luto en esa plaza. El Cristo de la Caridad sale en un entierro sin ataúd. Fijaos en la Magdalena, en esos ojos, donde se refleja un alma destrozada. Fijaos en el sufrir de los santos varones, como un lamento fúnebre por las esquinas. Fijaos en el estupor angustiado de las Marías. Y ved como se aleja en el ocaso, ese temblor que nos estremece, esa rosa de sangre que ha florecido entre los lirios. Y sabed, ya para siempre, que el amor es más fuerte que la muerte.

Oyendo al muñidor de la Mortaja

Oyendo al muñidor de la Mortaja, querido Antonio Burgos, me acuerdo de aquel recuadro sobre la muerte que le dedicaste a Antonio Dubé de Luque. Le podrías haber escrito un *Miserere* para el Cristo de la Providencia y la Virgen de los Dolores, que pasan un Sábado Santo junto a la torre de San Marcos, sin romper su sueño, con un fondo de marcha fúnebre de Chopin.

Oyendo al muñidor de la Mortaja, querido Antonio Burgos, por calle Dueñas, vemos el perfil de la espadaña, y vuelan vencejos por el cielo, ya tirando a malva, ya revirando a negro, como las túnicas de estos nazarenos. Vencejos del Viernes Santo, que se acercaron a las espinas del Señor en San Lorenzo, que revolotearon junto a los cuatro hachones de tinieblas del Cristo del Calvario en la Magdalena. Y después aquí los tienes, siguiendo por el cielo al muñidor de la Mortaja, mientras suena la esquila: a luto de Mañara y los entierros de la Caridad, a luto de Valdés Leal pintando los huesos de un obispo, a luto de Pedro Roldán que desciende a Cristo muerto en los retablos, como sólo se desciende al Señor en la Caridad, el Sagrario y la Magdalena, en las collaciones donde Sevilla desayuna, almuerza, merienda y cena.

Oyendo al muñidor de la Mortaja, ya intuimos que la muerte de Cristo se aproxima. Y ahora estoy viendo al cortejo de noche junto a Santa Inés. Y ya no están tantos cofrades que se reunían para ver a la Mortaja. En esta noche de antiguo Viernes Santo se callan los oboes, los clarinetes y los fagots, y sólo quedan corbatas de luto en el armario de nuestros recuerdos.

La Canina

Y ya que estamos con la muerte, ahora les presento a la Canina. Recojo el testigo de Juan Miguel Vega, pregonero de la Semana Santa del año pasado, que la trató con cariño. Antonio Núñez de Herrera escribió: "Por la Semana Santa de Sevilla cruza la muerte, mas sin utilidad ni pragmatismo, bella y lejana".

La Canina se desmoralizó después de leer las *Rimas* de Gustavo Adolfo Bécquer, que escribió: "¡Qué solos se quedan los muertos!".

¿Ustedes han mirado a la Canina a los ojos? ¿Y habéis visto su guadaña? Tiene mala leche. Cuando yo escribía este texto se me apagó el ordenador y perdí el párrafo de La Canina. Es verídico. Pero lo escribí otra vez.

> Escribió el poeta un día
> que detrás de la Sentencia
> viene siempre la Esperanza.
> Y es verdad, y no se olvida,
> que detrás de las Tres Caídas

Triana se llena de Esperanza.
Y cruzará el puente La O,
que es la forma redonda
de llamar a la Esperanza.
Y por si aún fuera poco
lo que Sevilla imagina
pasa la última Esperanza
delante de la Canina.

De la muerte a la Resurrección

El Triunfo de la Cruz sobre la muerte nos encamina hacia la Resurrección. Es Sábado Santo. Saldrá el Cristo Yacente, que es como el de la Buena Muerte acostado en una urna. Juan de Mesa lo creó para que lo viéramos en un sueño del que despertará en poco tiempo. La Virgen de Villaviciosa recibe el duelo de quienes sienten su ausencia. Sufren el vacío de las horas.

La Soledad de los Servitas, bajo palio, recorrerá el paisaje idílico de Santa Isabel. Y, después de ver el Sagrado Decreto de la Santísima Trinidad, después de ver al Cristo de las Cinco Llagas descendido de la cruz, en las últimas horas de su muerte, llegará el tiempo de la salvación. La Esperanza Trinitaria sembrará aleluyas por la Puerta Osario, poniendo luz y borrando sombras, con lágrimas como una lluvia fina que pronto se secará.

Y, en Santa Marina, la puerta será como la piedra de la tumba que se abre. ¿Dónde está muerte tu victoria? Sale el Señor con su gloria. Y el ángel anuncia la buena noticia: ¡Cristo está vivo! ¡Cristo ha resucitado!

PLEGARIA MARIANA

En la Resurrección se fundamenta la Esperanza. Y Sevilla es la tierra de María Santísima. Es Ciudad Mariana porque la Hermandad de San Bernardo lo pidió.

Las glorias y los dolores de la Virgen empiezan por la Encarnación. El Hijo de Dios se encarnó en las purísimas entrañas de la Virgen. La Encarnación es el minuto 1 de la Semana Santa. El Verbo se hizo carne y su Madre se quedó en San Benito. Y la Virgen lleva de paseo al Espíritu Santo, para que vuele feliz con su Encarnación coronada.

En la Semana Santa, la Virgen tiene títulos que no son sólo de dolor y pena.

Subterráneo en los Terceros, la Reina de cielos y tierra, que nos busca y llega hasta los más hondos recovecos del alma.

Candelaria de San Nicolás, resplandor azul y plata en la noche bajo la arboleda, que nos deja cautivos junto a los muros del Alcázar.

Regla de los panaderos que hacen el pan del cielo. Se mece como un velero junto a un faro, acariciada por la brisa en un mar que se calma.

Patrocinio que renació del fuego, con el primor de una rosa que florece cuando vuelve a Triana, y cruza un río donde yace el molde de su cara.

Montserrat, que comparte la devoción de la montaña milenaria, a dónde irá en diciembre. Virgen morena, pero a la sevillana, que abrió su relicario junto a tres cruces y agotó el tiempo para que siempre sea romántico.

Gracia y Amparo, que buscó la compañía de San Juan, porque en tiempos de turbación le ha tocado mudanza.

Virgen del Carmen, que amaina su dolor junto a la Paz del Señor, y es una Stella Maris que refulge y nos salva de la tempestad en el océano de la Pasión.

Buen Fin de la Virgen, que llora tras el Cristo traspasado por una lanza, y a Ella le duele un puñal, y encaja un tiempo gótico en un mundo barroco.

Sevilla no se cansa de rezar a la Virgen. Y cuando no va bajo palio, lleva la cruz detrás. Como la Soledad de San Buenaventura. Soledad franciscana y estremecida. Soledad de un amor triste por un Hijo ausente. Soledad que pide respuestas para un sudario vacío, mecido por el viento húmedo del Viernes Santo. Soledad que pasa transida con cuchillos de fuego y el corazón helado.

Las 'Vírgenes del Olvido'

Y también tenemos Vírgenes presurosas, que se van como un suspiro.

La Virgen del Mayor Dolor y Traspaso. "María del Olvido" la llamó Rafael Montesinos. Madre humilde tras el Gran Poder, a la que acompaña San Juan, que comparte su olvido de negra pena. Seis lágrimas perladas y un corazón traspasado. Es la Dolorosa de la penitencia tras el Señor de Sevilla.

Virgen de la Presentación, que abre paréntesis en la Madrugada entre dos Esperanzas. Y la suya es la forma más trágica de la esperanza, corriendo en busca de su Hijo, hacia ese Calvario que la espera en la Magdalena.

Tristezas de María, con el sollozo amargo que brota de sus entrañas al ver a su Hijo muerto en la Vera-Cruz. En su mano, el pañuelo más mojado de lágrimas que sale en la Semana Santa, es como un tesoro escondido.

Virgen de Loreto, aviadora de los cielos de Sevilla. Los ángeles trasladaron su casa; y, en la última chicotá, ahí quedó, en San Isidoro, para que sea nido de amor. La Virgen de Loreto es de una belleza doliente y va en un paso que es una catedral ambulante. ¿Pero qué es el arte, comparado con ese dolor terriblemente abismal de Loreto? Pasa rápida, con un gemido que se intuye, pero no se oye. Y en sus ojos se destiñe el mundo, entre lágrimas grises. Y en su alma se desploma la vida, en un Viernes Santo negro.

No siempre valoradas sus imágenes y la grandeza de su arte se quedan a veces algunos de los mejores pasos de palio: la Virgen del Socorro del Amor, de belleza inmarchitable y sutil llanto bajo la malla bordada. La Virgen de los Dolores de San Vicente, con el paso de las elegancias precisas. La Virgen de la Angustia de los Estudiantes, que llora bajo una fantasía inagotable de la aguja y el arte. Madre Dios de la Palma, que mira al cielo con ternura, bajo un palio del color de su corazón. La Virgen de la Merced de Pasión, a la que pusieron música para el manantial de lágrimas que la noche platea en sus mejillas. Vírgenes que son como la de verdad: la Madre humilde que guardaba las cosas en su corazón.

Y la última Virgen bajo palio es la Aurora. Vedla feliz, cuando la mañana se abre de capa. Cuando el Cachorro está resucitado en Triana. Cuando la Concepción regala en San Antonio Abad el azahar puro que no se marchitó. Cuando la Virgen ya no es Valle de lágrimas y celebra la compañía de San Juan y la Magdalena en la Anunciación. Cuando las flores se reparten en San Martín, San Isidoro y San Lorenzo. Entonces la Aurora abre el cofre de la salvación. Sevilla es la tierra prometida, y la Esperanza se ilumina como un diamante que brilla con la luz radiante de la Resurrección.

Todos tus años son de Esperanza

En 2025 somos peregrinos de Esperanza. El Papa Francisco abrió el pasado 24 de diciembre la puerta santa para inaugurar el Año de la Esperanza. Aunque yo les recuerdo que Sevilla tiene una Semana de la Esperanza todos los años, y que la puerta santa se abre con júbilo cuando empieza la Madrugada y pasa la Esperanza por debajo de un arco.

¿Y qué te digo yo, Esperanza Macarena? Si ya han agotado los piropos Antonio Rodríguez-Buzón, Joaquín Caro Romero, Juan Sierra y tantos poetas. Si han escrito glorias benditas Antonio Burgos, Carlos Colón y todos los pregoneros...

Pues me lo dijo una devota de la Esperanza: "Tú no le digas nada, que Ella te dirá lo que le tienes que decir. Cuando estés a su lado, verás que habla. Y hasta respira".

Y yo estuve una noche a su lado, cara a cara. Y entonces lo entendí: la Esperanza no habla con la boca, habla con los ojos.

Parece que la Esperanza no te ve, hasta que de pronto descubres su mirada. La voz no sale de sus labios entreabiertos, pero hablan sus ojos. Y hablan sus manos, cuando las besamos con un beso que sale del corazón.

Y entonces supe que no importan las palabras.

En tu cara, Esperanza Macarena, se resume toda la encíclica *Dilexit nos*: Tú regalas la Esperanza a los que te abren el corazón.

Y, cuando sales en la Madrugada, ¿Tú quién eres?

Eres la Madre de la Belleza, la luz más fulgurante de la primavera.

Eres la gloria divina que bajó a Sevilla en un ascensor de ángeles.

Eres la muralla que protege la fe y el arco que nunca cruzarán los demonios.

Eres rosa de oro en las huertas, azucena de bronce en la Giralda, clavel blanco en un balcón de tu barrio.

Tus ojos son perlas que se posan en el vacío. Y tu tristeza remota se diluye en un pozo de otros siglos. Eres la muerte ya derrotada, la vida que brilla con una centella en tus ojos, la resurrección pregonada.

Sale la Esperanza para que amanezca el día de la salvación. Santa Ángela y sus hijas te cantan, con sus voces y sus vidas, Estrella de la mañana, Virgen pura y bendita, Macarena por la gracia de Dios.

¿Y quién te pudo hacer? Ningún autor anónimo. A ti te hizo el Espíritu Santo, y después escondió el molde de tu cara en un palomar del cielo. Y un día le encargó a Juan Manuel que te bordaran el manto camaronero.

Y paseas más morena por la calle Feria, y son celosías de tu embrujo los balcones de la calle Parras, y se ofrece el Arco como una elegía que te aclama, y te reza una voz en una saeta por martinetes. Tú eres la belleza más grande que inventó Dios para enamorar a Sevilla.

Pero no eres sólo María Santísima de las Horas Bonitas. Eres la que redime la pena de los presos. Eres la que conforta en su vejación a las prostitutas. Eres la que calma en sus pesadillas a los drogadictos. Eres la que abraza a las embarazadas que no querían un hijo, pero deciden no abortar. Eres la que ayuda a las mujeres maltratadas. Eres la que salvas a los bebés abandonados, la que acoges a los niños huérfanos, la que acompañas a los ancianos en su soledad, a las personas sin hogar, a los enfermos mentales, a los pacientes incurables, a los que sufren malformaciones, a los que necesitan un trasplante para vivir, a los mendigos que piden limosnas.

Tú eres la Letanía del Universo, la Mujer vestida de Sol, la Reina del Paraíso, la Musa del poeta, la Mocita de San Gil, la Flor de las flores, la Rosa de oro del Papa...

Relucen tus cinco mariquillas verdes, reluce tu corona de oro, pero lo que más brilla es tu Esperanza. Eres la que llora lágrimas como gotas de agua que ablandan los corazones. Eres la Luz que se aparece en "la puerta del espanto" a los hijos de la ira en su dolor, a los torturados en su horror, a los que gritan en su desesperación, a los que rezan y no saben ninguna oración.

Eres la Esperanza del mundo...

Y te lo dijo el poeta, cuando te coronó con versos, y yo te lo digo también:

"Vírgenes habrá otras, pero ¿como Tú? ¡Ninguna!".

Porque eres la Madre de Dios y lo has besado en su cuna.

IV
TRES CAÍDAS, SILENCIO
Y SOLEDAD

Tres Caídas de amor en San Isidoro

TRES Caídas de amor y nostalgia en San Isidoro, cuando salía con una cruz detrás del Señor. Por la Alcaicería, por Tarifa, por el tramo estrecho de Placentines... Viene el paso del Señor y no cabe, pero pasa, siempre pasa, en esa noche luctuosa del Viernes Santo. Y la Giralda detrás, torre de vigilancia divina, con pináculos incrustados en una noche de luna y nubes.

Hay un misterio en ese paso. La gente se fija en el Cirineo, que parece un familiar del Cachorro, otra obra maestra de Ruiz Gijón. Este Cirineo debió ser un hombre que pasaba por la Costanilla y lo llamaron para ayudar, y se lo tomó tan en serio que carga la cruz con el mismo dolor que el Señor. Y sí, Cirineos habrá otros, pero como el de San Isidoro, ¡ninguno!

El misterio de ese paso suntuoso, apoteosis de la talla y el dorado, lo tenemos en Jesús de las Tres Caídas. Está con las rodillas en tierra. Pero fijaos en las manos del Señor. Una mano se agarra a la cruz. La otra mano se apoya en una peña. ¡Déjanos ser esa peña de la calle de la Amargura, para sentir tu mano! En esa peña están nuestros pecados. En esa mirada triste está la bondad. Y en esa mano firme está la salvación.

Las cruces de la vida pesan cada año más. ¿Y las caídas? Hoy quiero ser aquel joven que cargó una cruz para seguirte, con una vida por delante. Hoy busco otra vez tu mano, como en aquellos años. Y sé que algún día sostendrá la mía en el aire, para ayudarme a que me levante de la última caída.

Recuerdos de un Viernes Santo antiguo.
Sueños de la juventud perdida.
Buscar el cielo en una mirada
y encontrarlo en la Costanilla.
Saber que no fui su Cirineo,
pero el Señor siempre te cuida.
Sentir los sortilegios del tiempo.
Resumir una vida en tres caídas.
Tres Caídas de nostalgia en San Isidoro.
Tres Caídas por amor en las calles de Sevilla.

SILENCIO DE LOS NAZARENOS

Ni una palabra de más, ni una palabra de menos. Basta con el silencio para hablar al Nazareno.

Al otro lado de los muros se queda el murmullo del mundo.

En este atrio se refugia el Silencio eterno. Está abarrotado de nazarenos, que atienden el fervorín que les llega desde el balcón. Cirio votivo y espada... Noche de luna llena, que se asoma con su luz blanca entre un universo negro. Este atrio atesora recuerdos, acumula el oro viejo del pasado. Y nada pasa en vano. Todo permanece bordado en el manto infinito de la historia.

En este atrio, en otros tiempos, se reunían antiguos nazarenos. Con un cirio votivo, con la misma espada. Con la luna asomada, con el fervorín que diría lo mismo: verdades que no se llevó el viento. Nazarenos sentados en los bancos, bebiendo agua del búcaro, suspirando porque ya son mayores. Nazarenos con el capirote puesto y el antifaz alzado, capirote alto que rasca el cielo negro en la madrugada.

¿Por qué el tiempo ha elegido el camino más corto que nos lleva a la memoria para herirnos sin espada?

Ya nadie se sienta. Hay otros nazarenos. En el Silencio la historia se mide por siglos y por dogmas de fe. Van pasando lista. Responden con un grito: "¡Está!". Se abre de repente la puerta. Saeta a la Santa Cruz, que desde el atrio se oye como cantada en otro planeta. Y resuenan los pasos apresurados de los nazarenos, que salen a las calles para no decir una sola palabra durante cinco horas, que son como cinco llagas, que son como cinco cruces. Es la gloria de los nazarenos. Se levanta el Señor con su cruz de carey y plata, y no lo vemos, sólo lo imaginamos. Penitentes con cruces de madera. La gente dice que la llevan al revés, como el Señor. Y no van al revés, van por derecho. Son ustedes los que están al revés, cuando no entienden su Silencio.

El atrio se está quedando vacío. Ya sólo falta el último tramo. Brillan las luces de esos cirios, atravesamos la oscuridad de la iglesia, delante de María Santísima, rodeada de plata de arriba abajo. Ella es la flor más pura entre el perfume del azahar. El paso es un fanal de luz, que fulge en la negrura telúrica del templo, donde una calavera nos mira desde una mesa. Los nazarenos salen a las calles de Sevilla.

> Cera blanca chorrea en las calles,
> la cera más pura y limpia,
> que así llora la Virgen en el Silencio.
> Cera blanca que cae y no se apaga.
> Cera blanca que es el tiempo que se escapa
> y el Silencio que nos llama.
> Cera blanca, que suena a gemido de oboe
> y lamento de fagot,
> a la gente que mira y calla.
> Cera blanca que se queda en una calle
> y se funde dentro del alma.
> Cera blanca inmaculada
> que pide silencio a Sevilla
> desde la noche al alba.

Cera blanca de Virgen que es tu llanto,
cuando siete espadas atraviesan el corazón
y se clavan en la madrugada.

SOLEDAD EN LA PLAZA DE SAN LORENZO

Y ya está la Soledad en la plaza de San Lorenzo. Y ya se quedó a oscuras. Y ya viene la luz que avanza como un fuego por la calle Cardenal Spínola, que es un túnel blanco y negro que desemboca en la plaza. Y ya la multitud es la suma de todos los solitarios que se han unido para acompañar la única Soledad que salvará sus soledades.

Y ya el paso dobla la esquina, y ya enfila la Soledad el centro de la plaza para cruzar entre almeces y grevilleas, que no son los antiguos plátanos de sombra que perdimos, los centinelas anónimos de otros tiempos. ¿Y qué importa hoy el tiempo? ¿Y qué importa hoy la oscuridad de nuestras vidas? Si ya está la luz de los guardabrisas y la candelería rompiendo las tinieblas de esta noche de sombras estremecidas. En esta plaza sólo está el dolor de encontrarnos a solas en el universo, de no ser capaces de calmar su llanto, de ver un temblor en su diadema, un pañuelo que no consuela sus lágrimas en una mano, una corona de espinas y unos clavos que le duelen en su otra mano, sentirla al pie de la cruz tan sola, mientras el sudario se mece, y son las sábanas de una muerte que aún no ha sido derrotada. La Soledad alcanza la cumbre de su dolor en esta plaza de San Lorenzo.

Y entonces aparece la voz que se hizo saeta y se quedó entre nosotros. La voz que era de José Pérez *El Sacri*. Y ya no está en la plaza *El Sacri*, que se ha ido al cielo a cantarte. Pero no se ha perdido la saeta. Ahora surge otra voz que canta: *¡Ay, Ay!* Y la voz se incrusta en tu corazón de Soledad: *¡Ay, Soledad de San Lorenzo!* Y la voz te reza: *Del cielo rico tesoro*. Y la voz rasga el aire: *Tú eres la paloma blanca*. Y la voz pone un broche de oro: *divino broche de oro*. Y la voz viene desde otros tiempos: *que cierra la Semana Santa*. Y la voz se eleva al cielo: *Ay, nuestra Soledad, Reina del cielo*. Y la voz se clava en la memoria: *a ti acudimos, ¡oh Virgen santa! Pidiendo nuestro consuelo*. Y la voz se desgarra: *¡Ay, Mare mía, Soledad de San Lorenzo!*

Ya no es la misma voz, Soledad, pero siempre habrá una saeta para ti. Y serás "la música callada" y "la soledad sonora" que dijo San Juan de la Cruz.

Se levanta por última vez tu paso, y estás dando la vuelta, hasta quedar de frente a quienes te ven.

Desde la torre te contempla el tiempo, el reloj se detiene como una clepsidra invisible. Se nubla la luna de la Pascua. Y te vas. Y será hasta el año que viene, o hasta sólo Dios sabe cuándo. Ya no eres la Soledad que estaba sola, ya la soledad es nuestra, una soledad de añoranzas infinitas se ha quedado entre los que siguen en la plaza. Y la Soledad verdadera entra en el templo, tu luz se escapa, Sevilla se ilumina con la gloria de la Resurrección, y repican a lo lejos las campanas, porque ya se cierran las puertas en San Lorenzo y se acaba la Semana Santa.

Se han cerrado las puertas. Y entonces lo comprendemos. A un lado, fuera, en la plaza, se han quedado los que siguen en el mundo. Y al otro lado, dentro, en el templo, los que hemos entrado en el cielo con Ella.

Después volveremos a casa, por calles vacías. Y llega ese momento en que el nazareno se desnuda. Capirote que se queda sin antifaz, túnica que se pliega, cíngulo que nada sujeta. Ya no estoy vestido de nazareno, pero lo sigo siendo. Pues sabed que nuestra patria no está donde nacimos, ni donde vivimos, sino en lo que somos.

Hoy, al terminar este pregón, como en una protestación de fe, proclamo que mi patria está en San Lorenzo. Todos los caminos del Señor me llevaron a San Lorenzo. Todos los caminos de mi soledad me llevaron a encontrarme con tu Soledad. Y, por eso, hoy, sin la túnica, a cara descubierta, proclamo ante los santos evangelios de Sevilla que cuando llegue el último momento, otra vez a solas, me quedaré contigo, y en la ceniza de la eternidad se cumplirá lo que escribió Quevedo. Algún día seré polvo, "mas será polvo enamorado", porque estaré para siempre a tu lado.

AL FINAL COMO AL PRINCIPIO

¡Qué sola la soledad del hombre y la mujer cuando no encuentra a Dios!

Pues al final, como al principio, en nuestra soledad, todo será silencio. El Silencio de Dios, que es la música callada y la soledad sonora. El Silencio de Dios con el que se guarda el Pan de Vida en los sagrarios. El Silencio de Dios, que está a nuestro lado y no lo vemos...

El Silencio eterno, que no necesita palabras.

El Silencio eterno con el que María Santísima en su Soledad escuchó a Dios.

El Silencio eterno con el que Dios alivia la amargura y calma las penas.

El Silencio eterno con el que Dios nos revela su Gran Poder.

El Silencio eterno con el que Dios nos levanta de las caídas.

El Silencio eterno con el que Dios acompaña nuestra soledad.

El Silencio eterno con el que Dios nos ayuda a caminar con Esperanza.

El Silencio eterno con el que Dios bendice la Semana Santa.

El Silencio eterno con el que Dios le declara su amor a Sevilla.

AGRADECIMIENTOS

En las cofradías nunca se termina de aprender. Por eso, mi Pregón está en deuda con muchos cofrades a los que conocí. A algunos se les menciona en el texto. Y a otros los recuerdo con estas líneas.

Se lo tengo que agradecer especialmente a mi amigo y hermano José Manuel Peña García, y a cofrades que siguen vivos entre nosotros (y que sea por mucho tiempo), como Antonio Ríos, Joaquín Delgado-Roig, Fernando Cano-Romero, Manuel Díaz-Jargüín, Pepín Álvarez, Manuel Bermudo, Jesús Creagh, Rafael Ruibérriz de Torres, Pepe Rueda, Manuel Román, Julio Cuesta y muchos veteranos. A Francisco Vélez de Luna y José Roda Peña, que me llamaron para el Consejo de Hermandades.

A ilustres cofrades que fallecieron, como Luis Rodríguez-Caso, Ramón Pineda Carmona, Juan Delgado Alba, José Sánchez Dubé, José Carlos Campos Camacho, José Luis de Pablo-Romero, Eduardo Ybarra Hidalgo, Juan Foronda Blasco, Juan Carrero Rodríguez, Antonio Soto Cartaya, Jorge Bernales, Antonio Dubé de Luque, Manolo Toro, José Ortiz Díaz, Juan Moya Sanabria, Fernando Baquero, Joaquín Sainz de la Maza, Manuel Palomino, Eduardo Recio, Fernando Aguado, Manolo Rivera y tantos otros que harían la lista interminable.

Por supuesto, no me olvido de Luis Álvarez Duarte, que fue amigo y maestro de mil secretos, a la vez que un gran imaginero.

Y siempre recordaré a mi trío de capilla de la Soledad. Hermanos que fallecieron cuando aún tenían mucho que enseñar: Manuel Rodríguez González, a quien le he dedicado este pregón, Juan Hidalgo, Pablo Chávez y tantos que transmitieron la verdad de ser cofrade de Sevilla por amor a Cristo, a la Virgen y a las hermandades.

ÍNDICE

TEXTOS INSTITUCIONALES

PREGÓN DE LA SEMANA SANTA